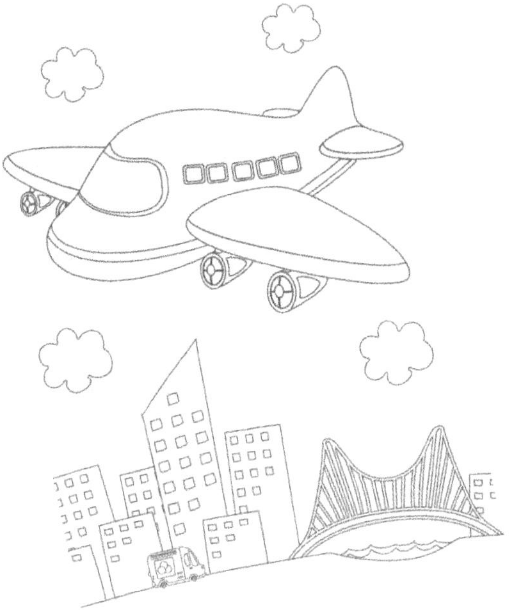

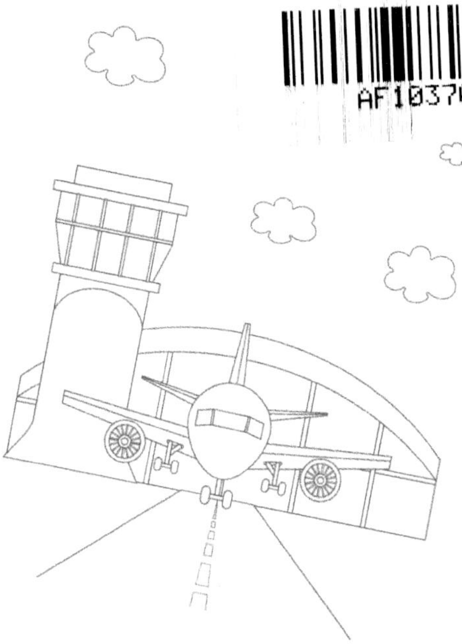

This Book Belongs to:

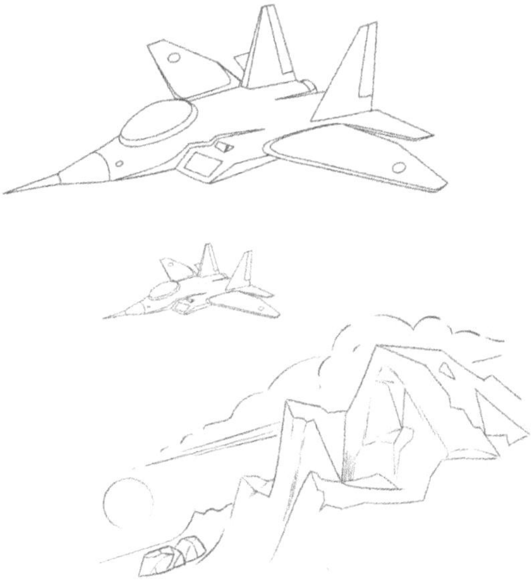

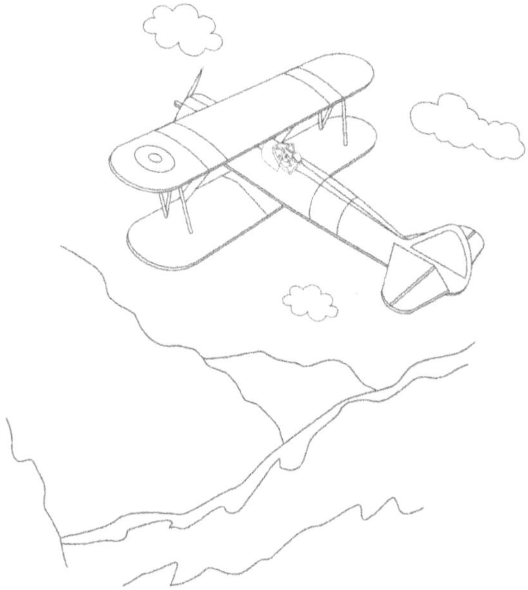

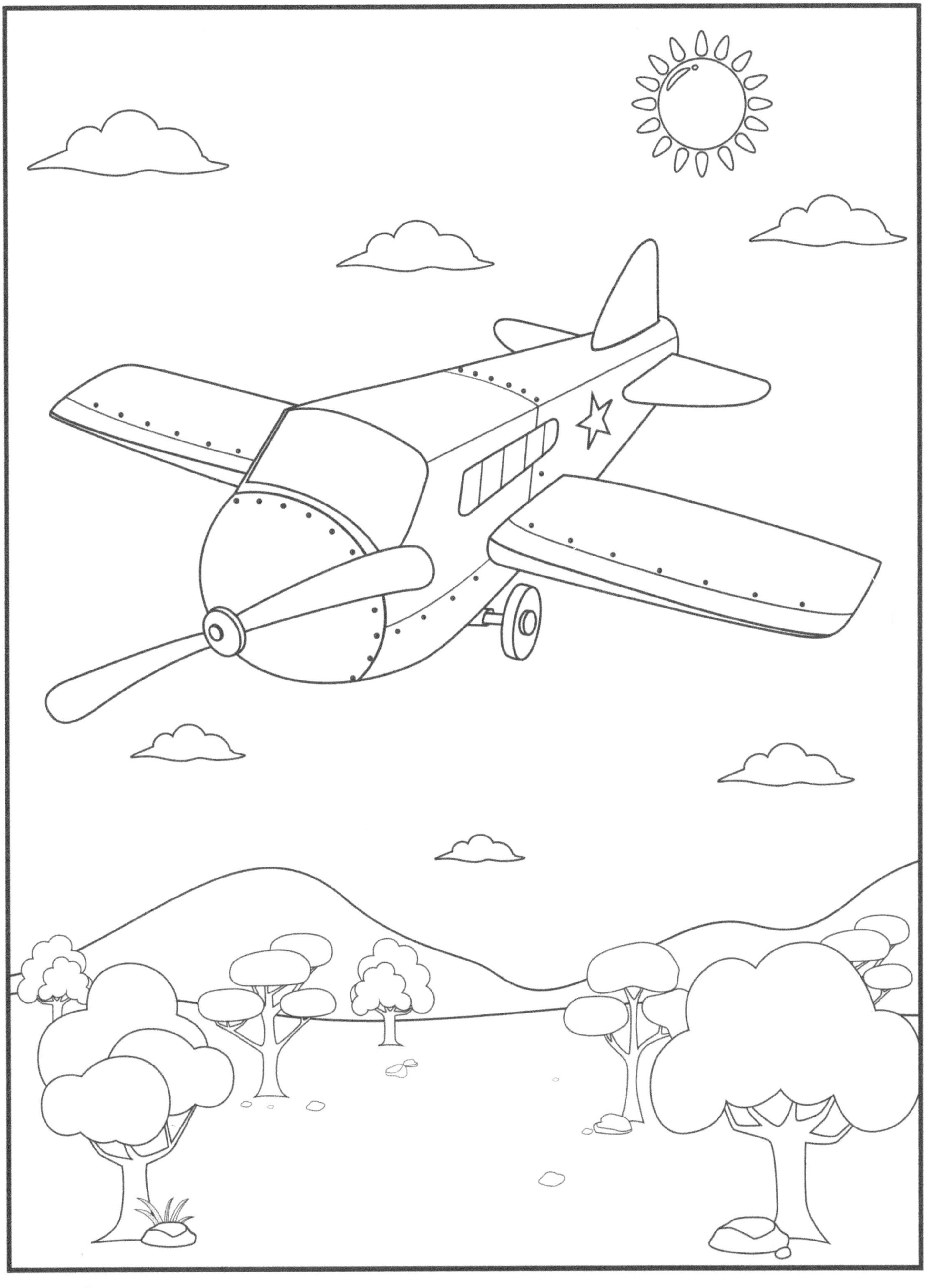

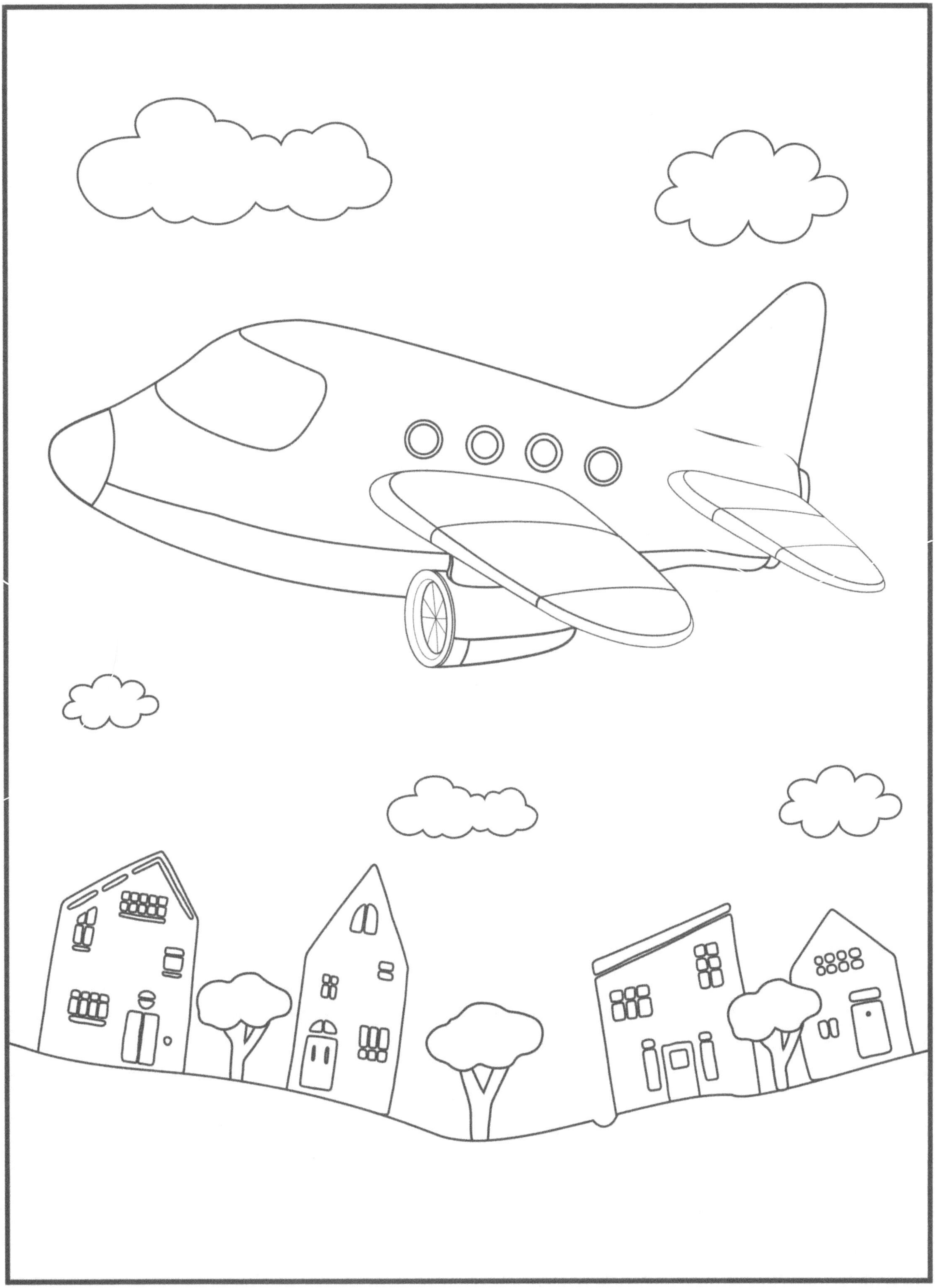

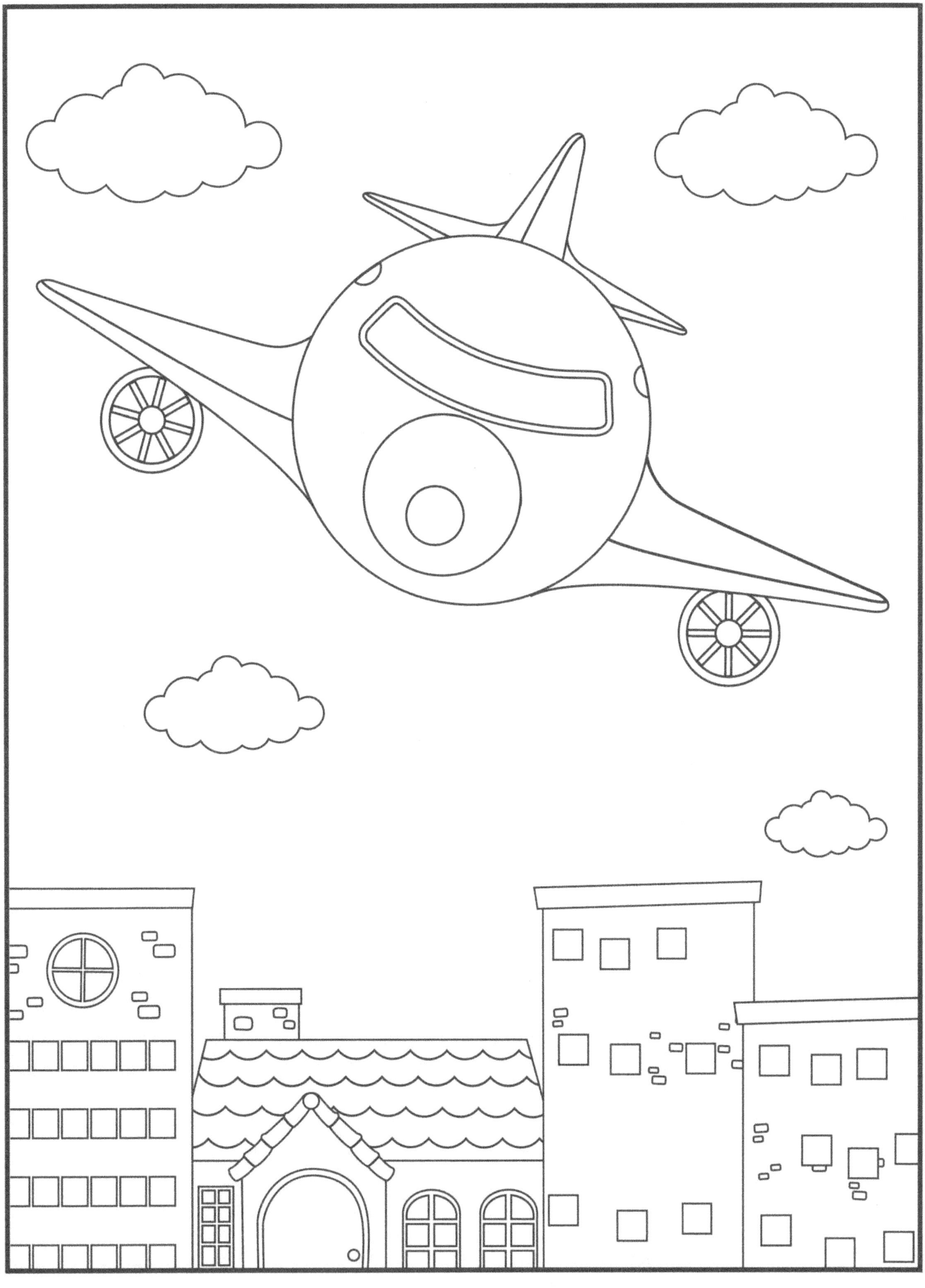

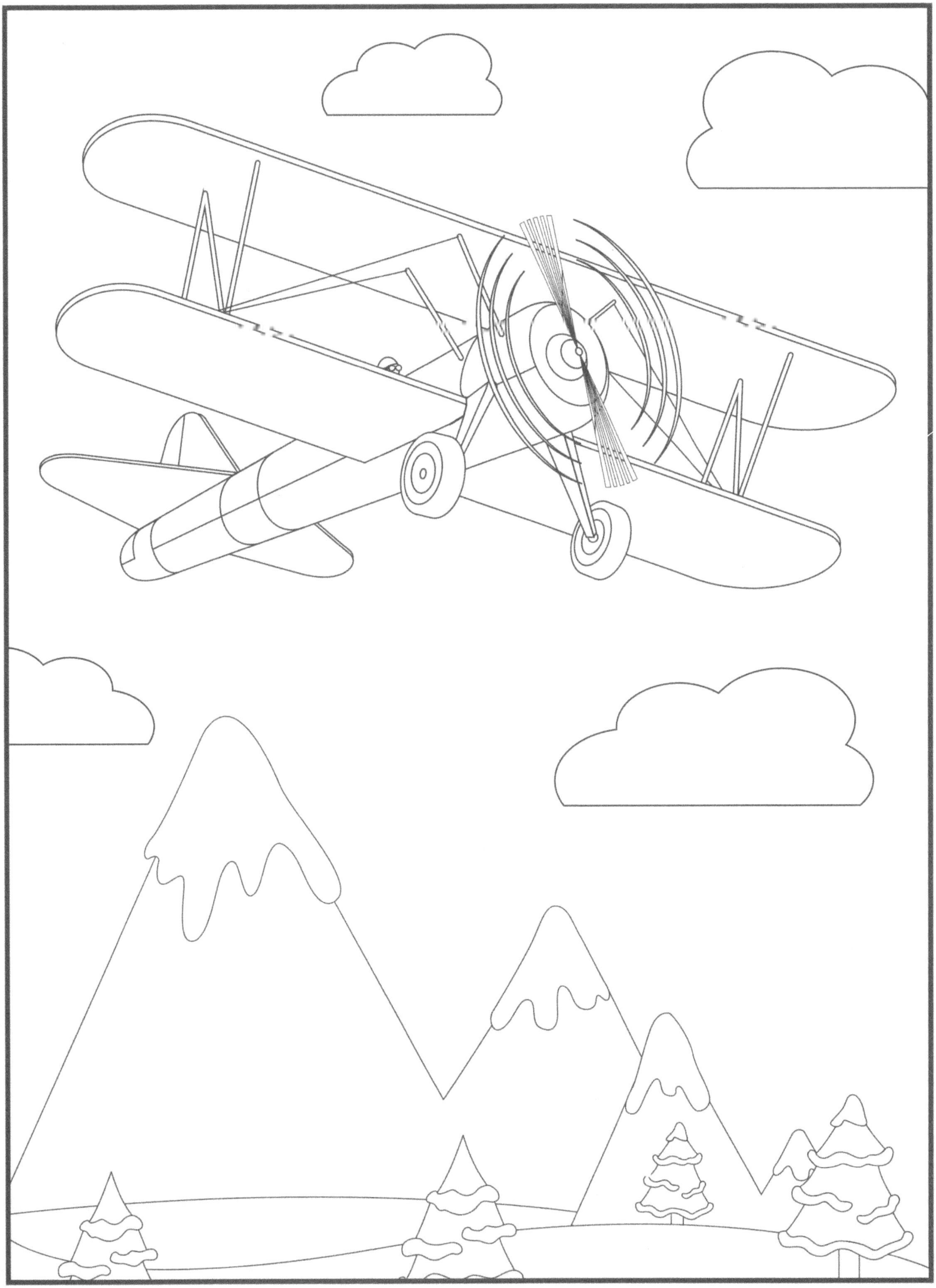

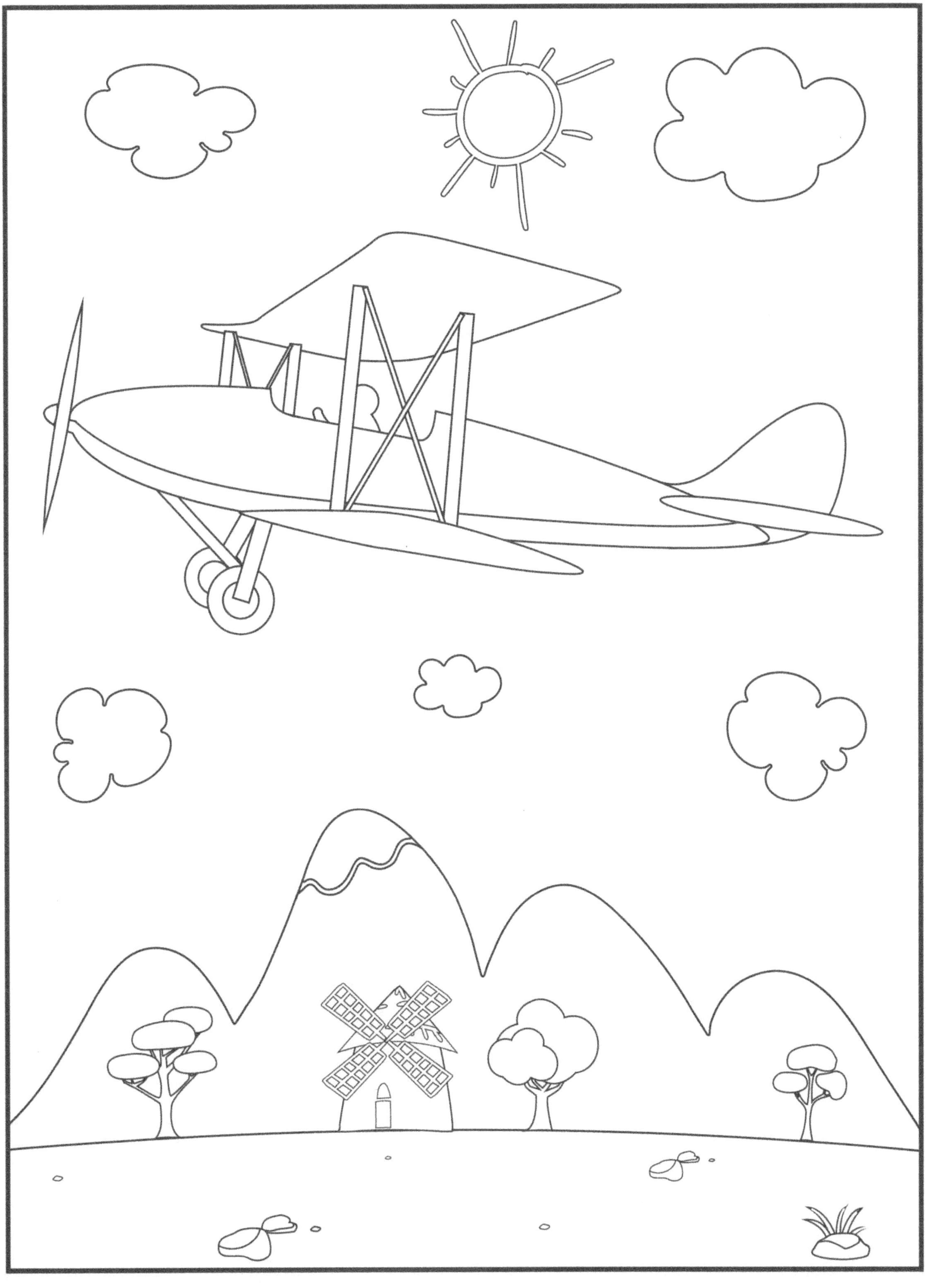

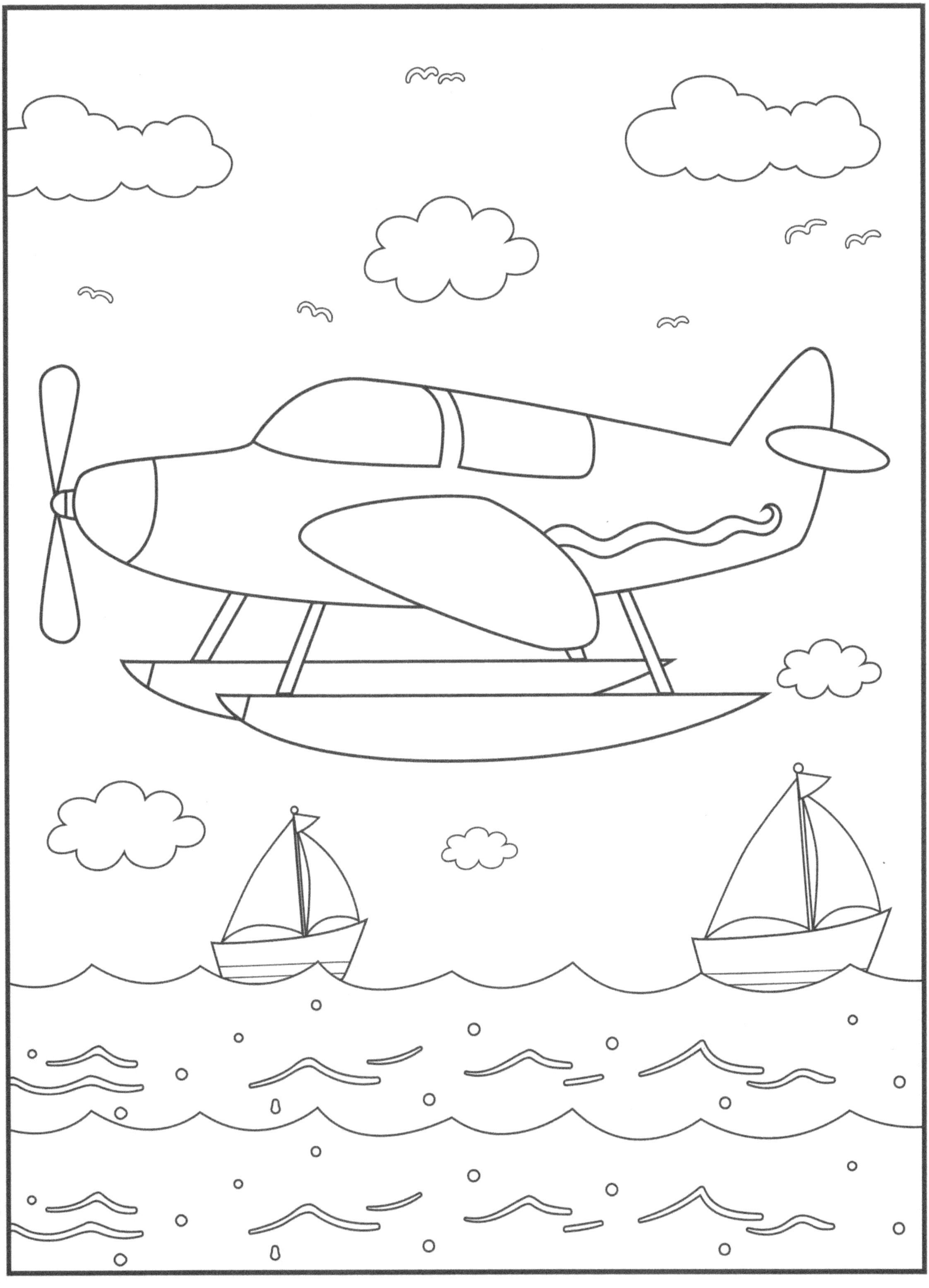

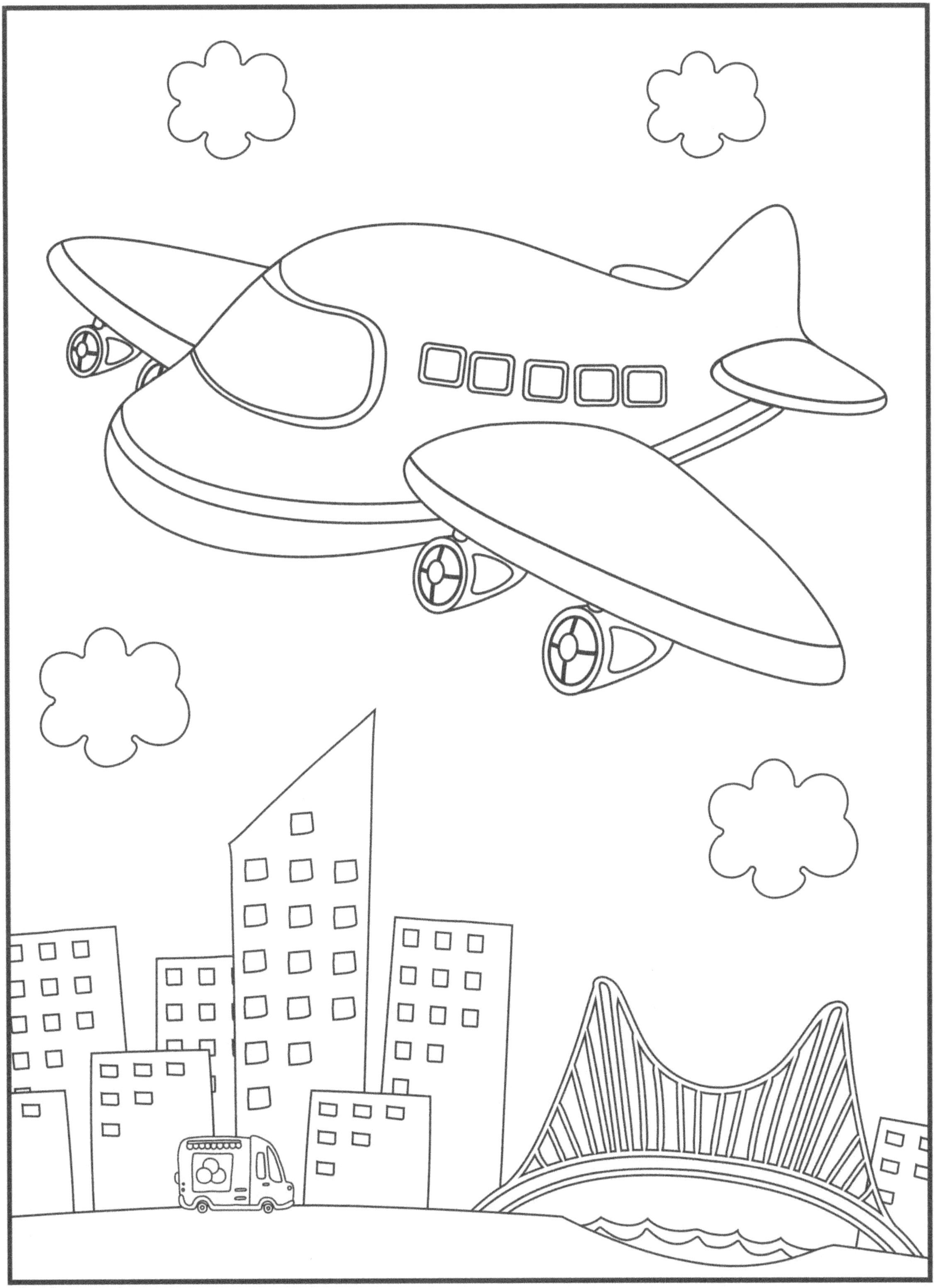

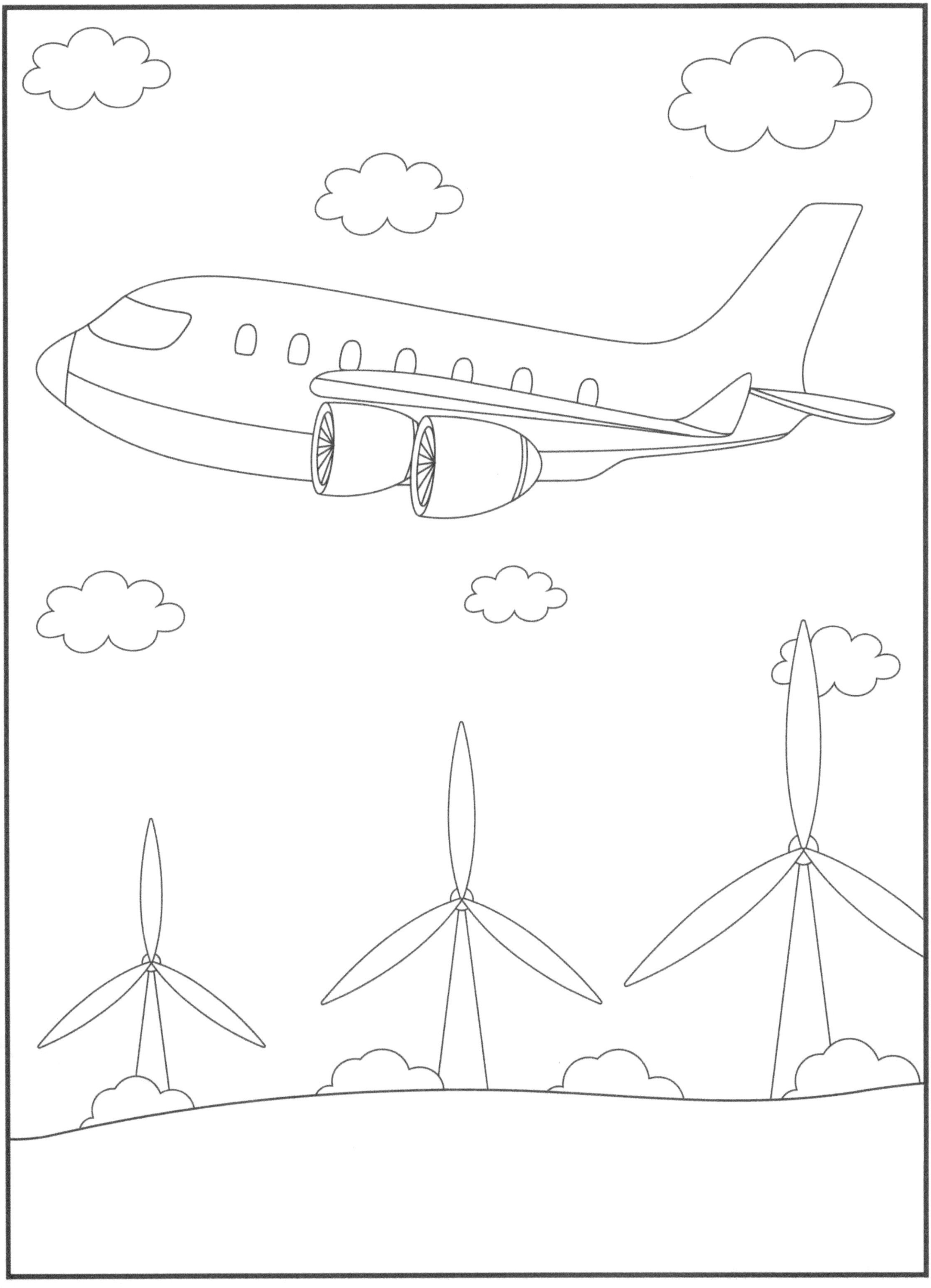

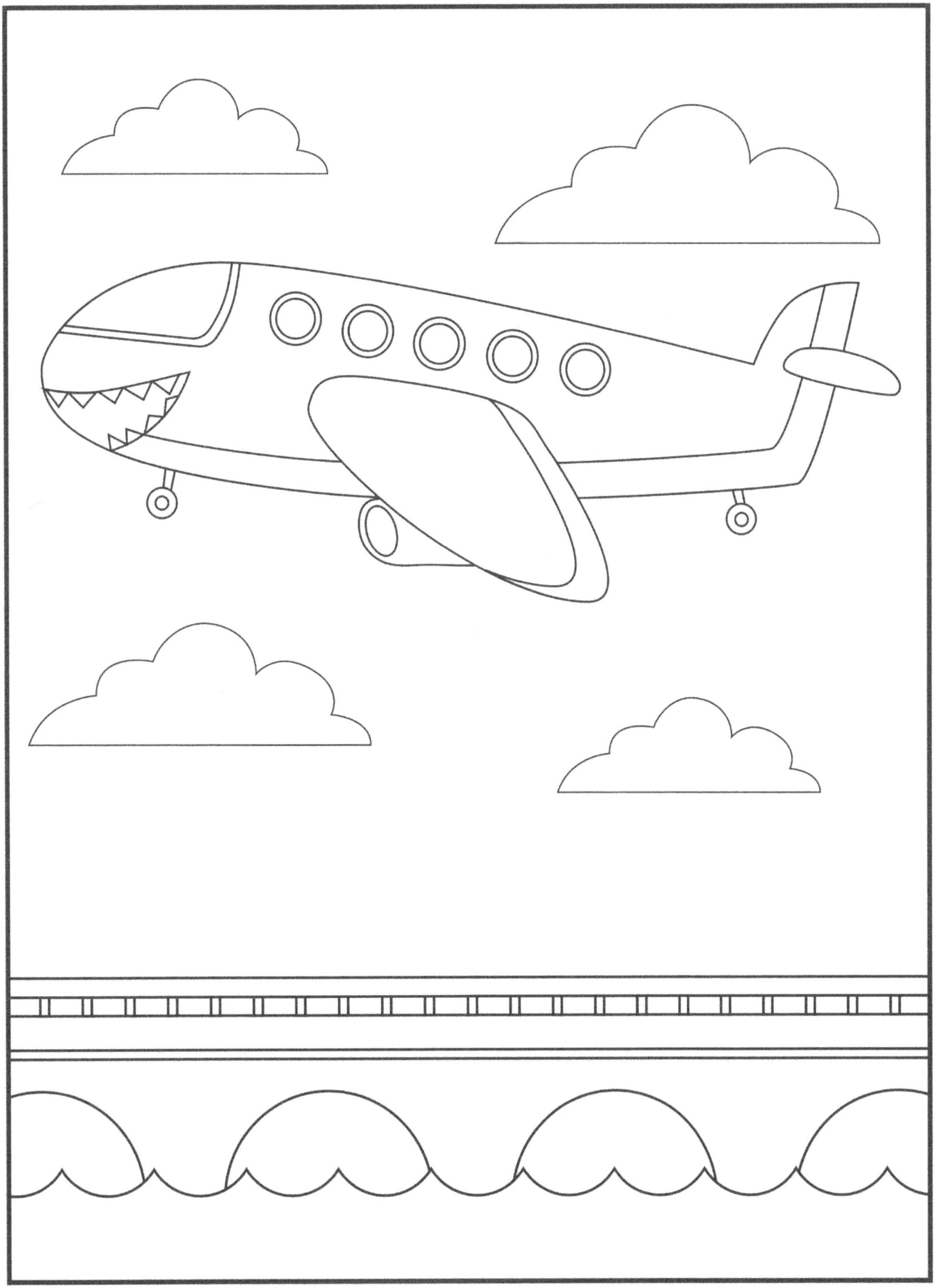

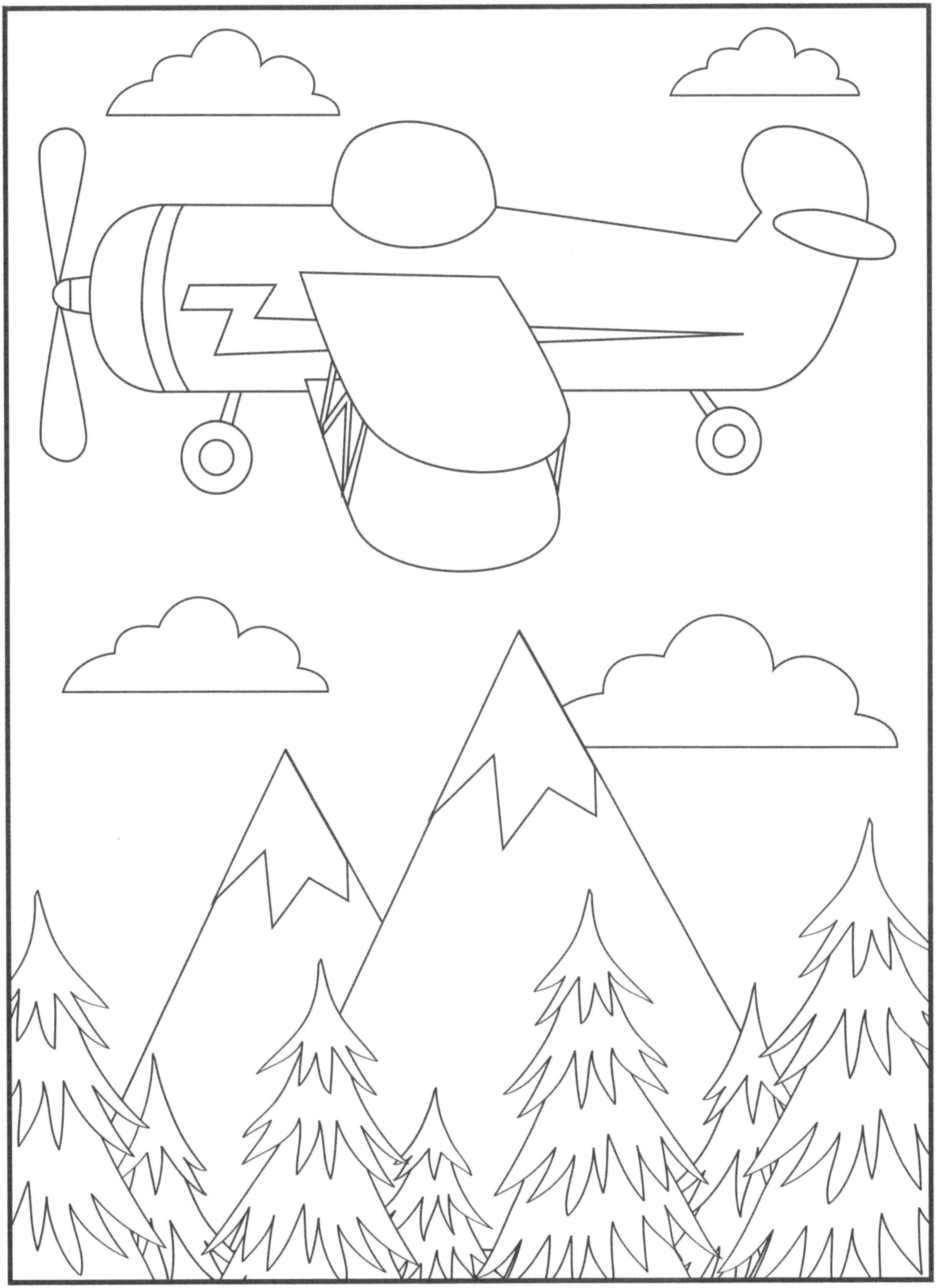

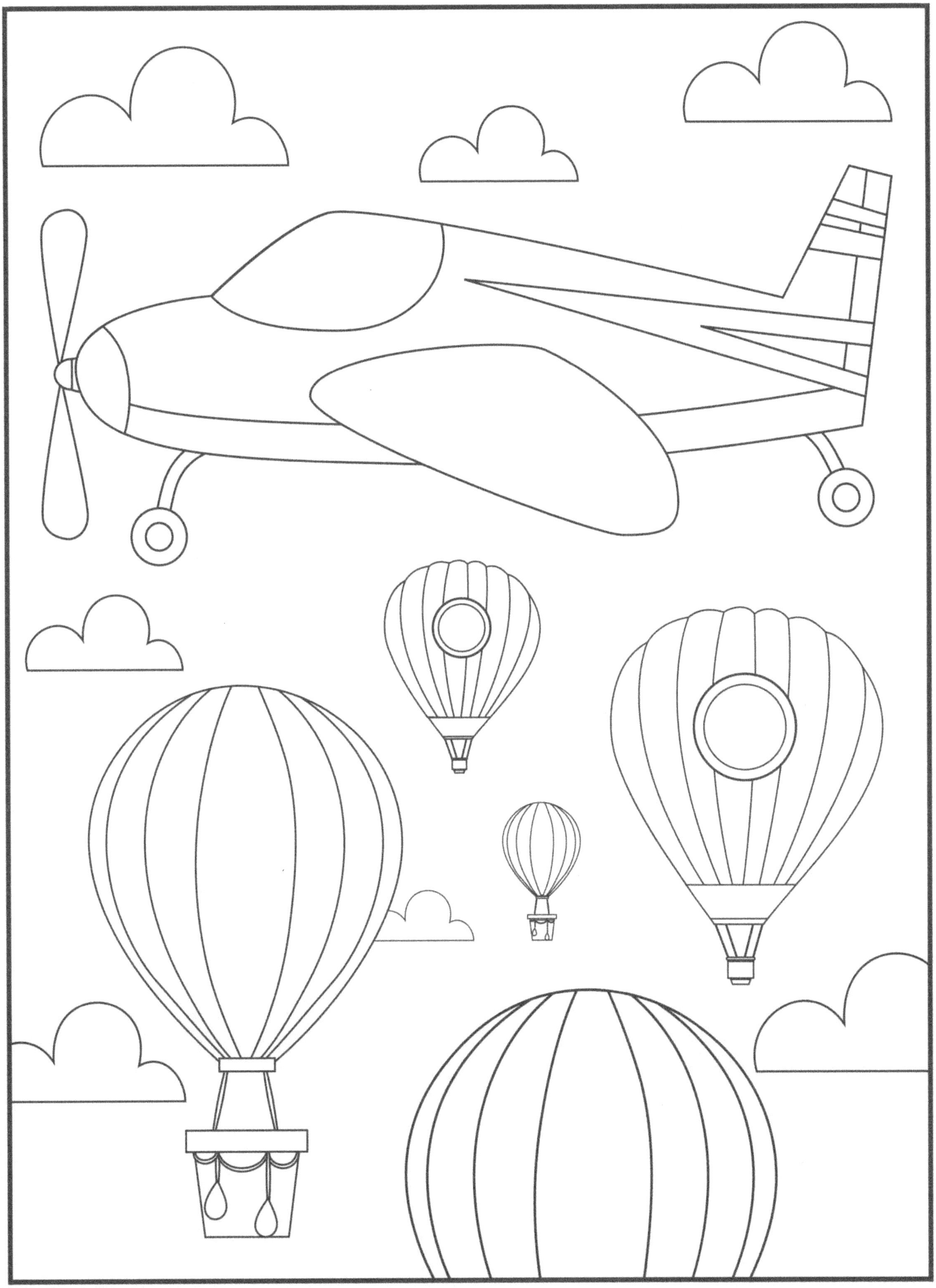

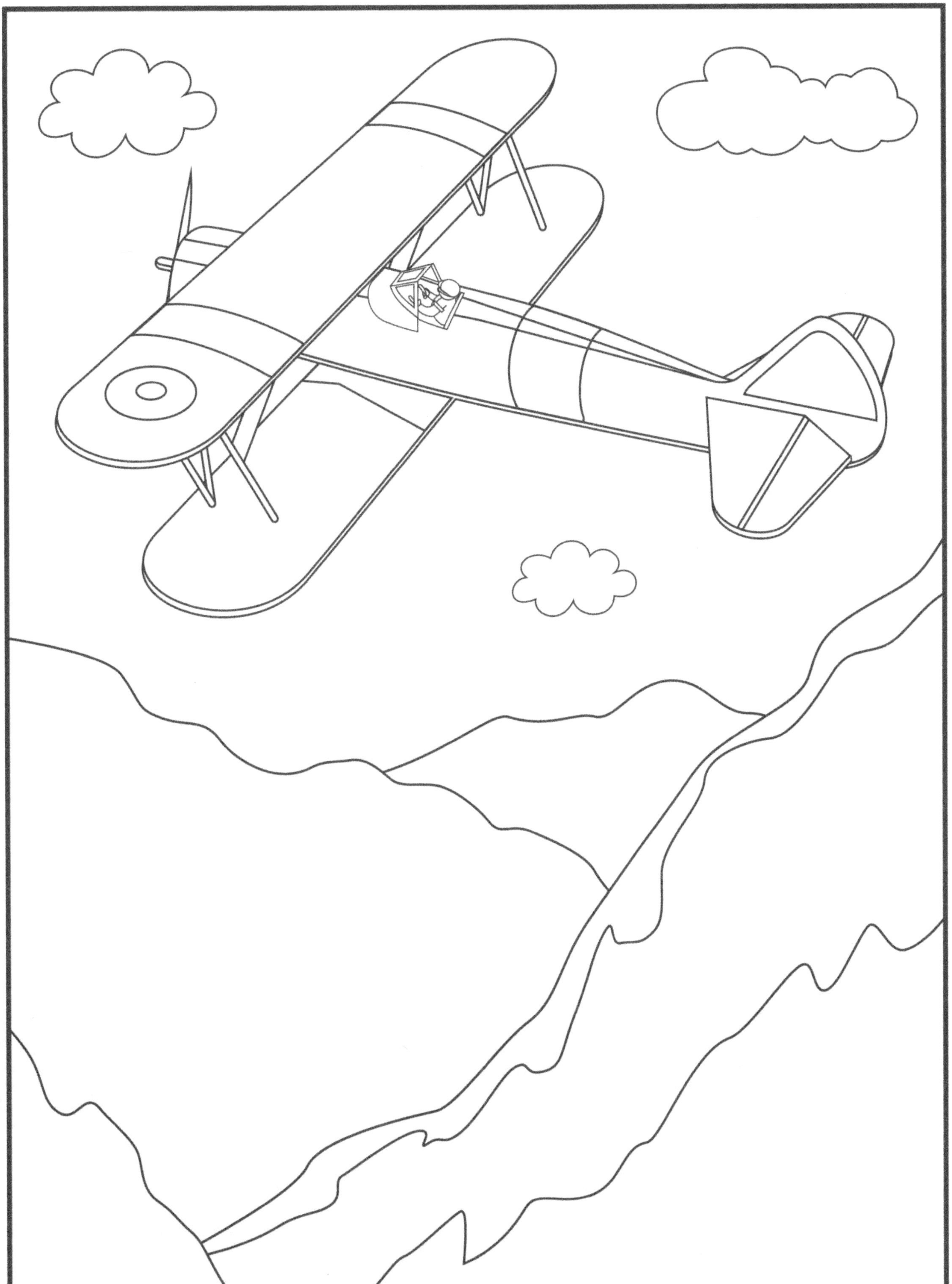

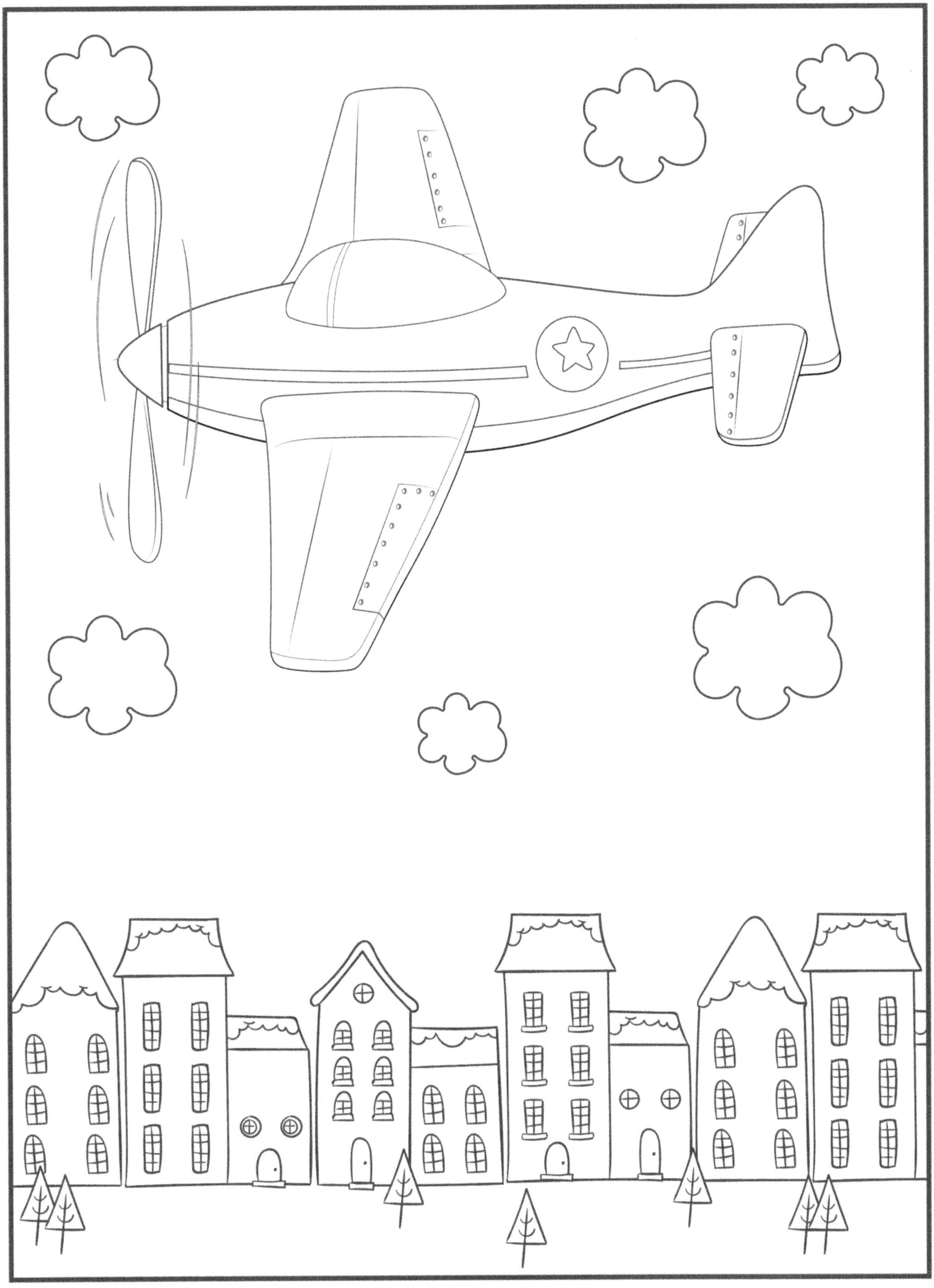

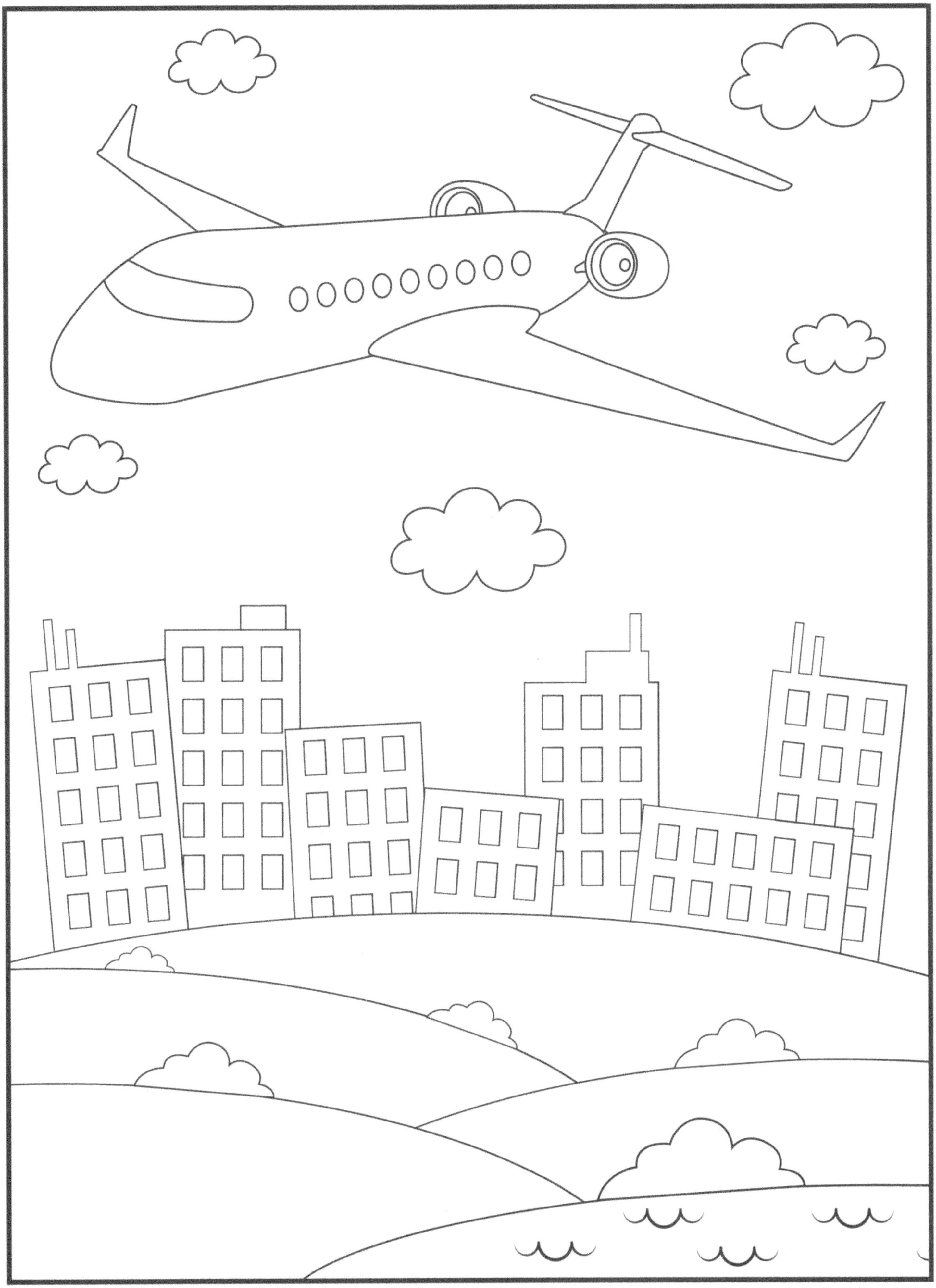

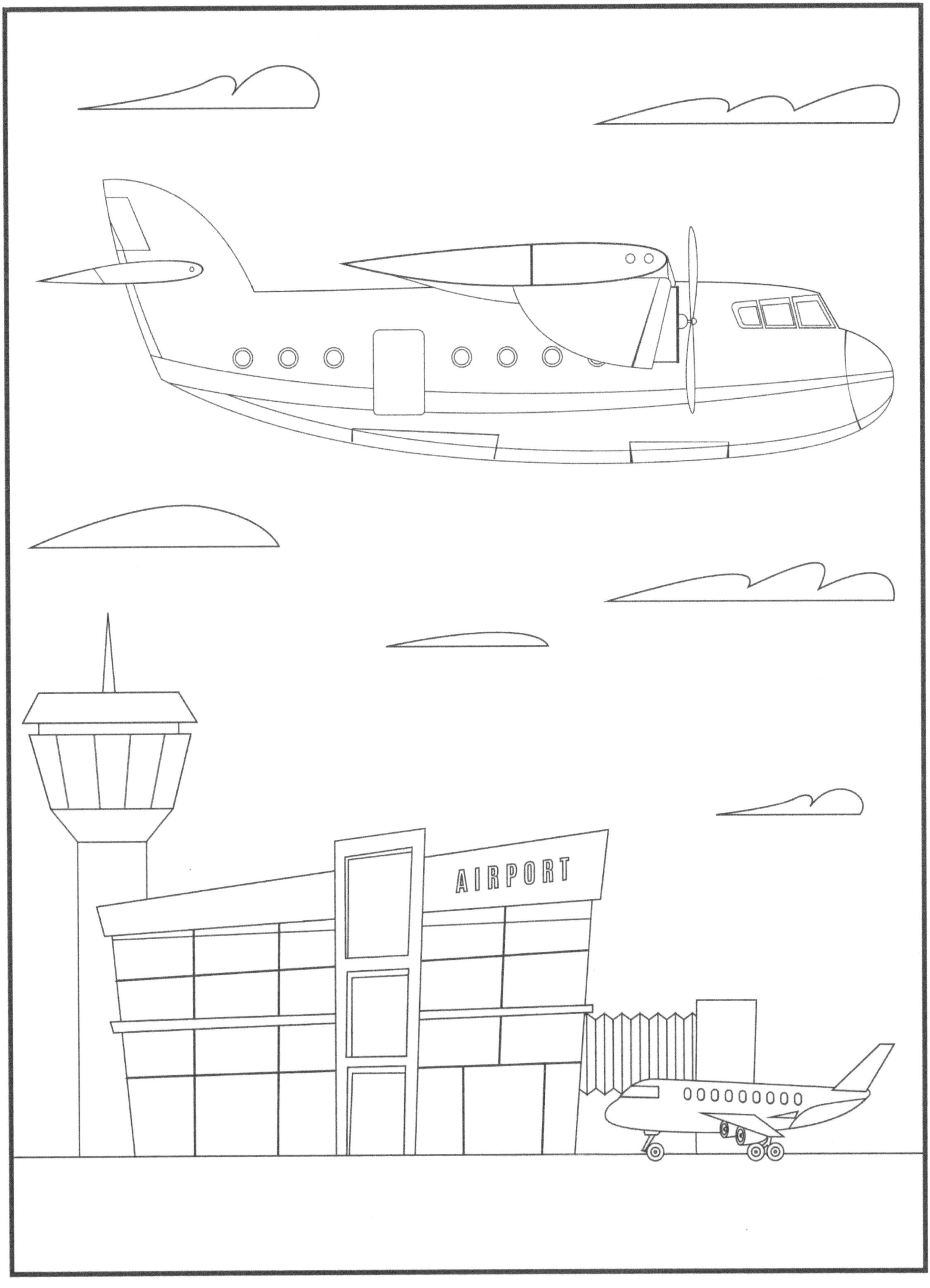
AIRPORT

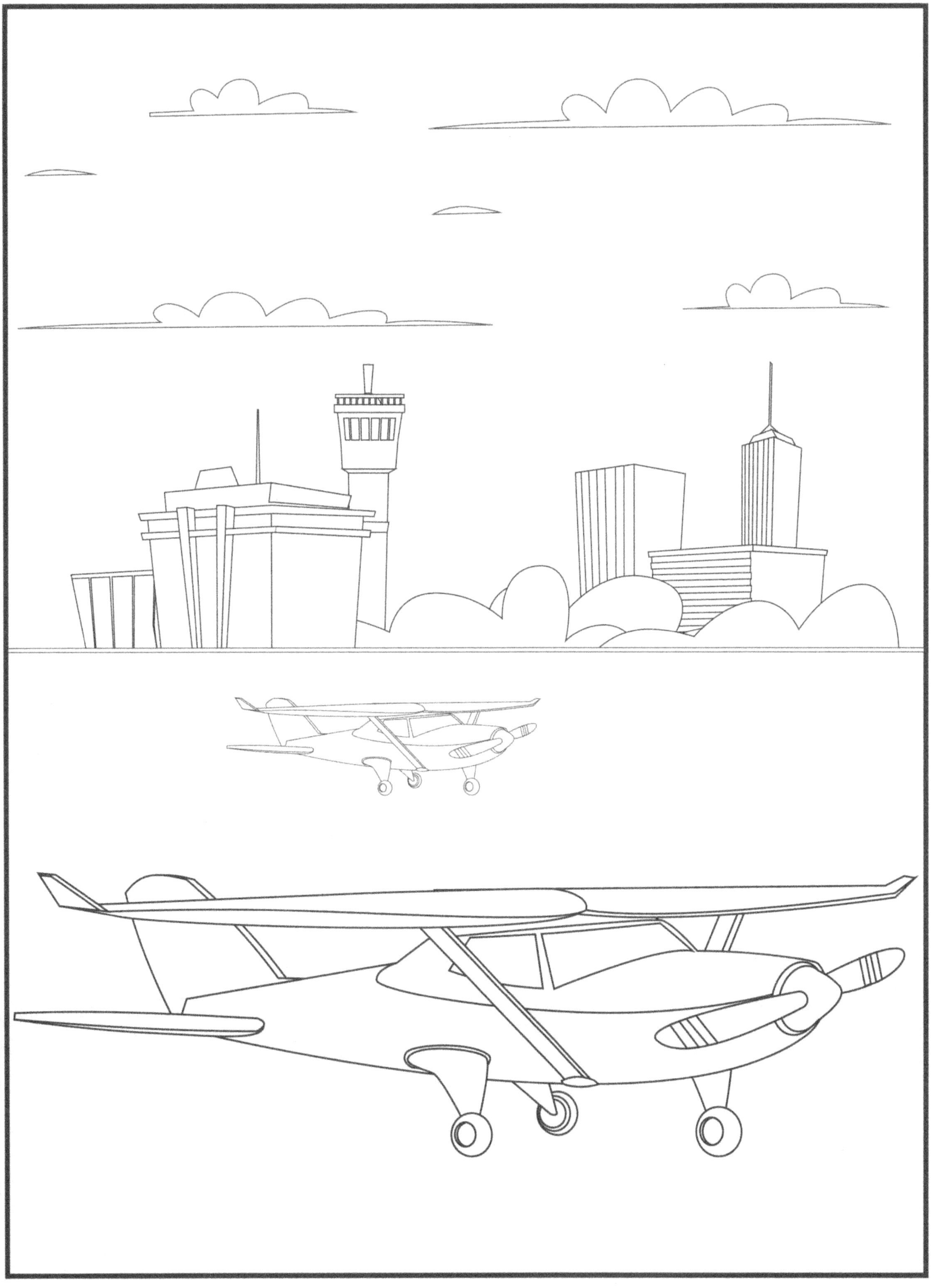

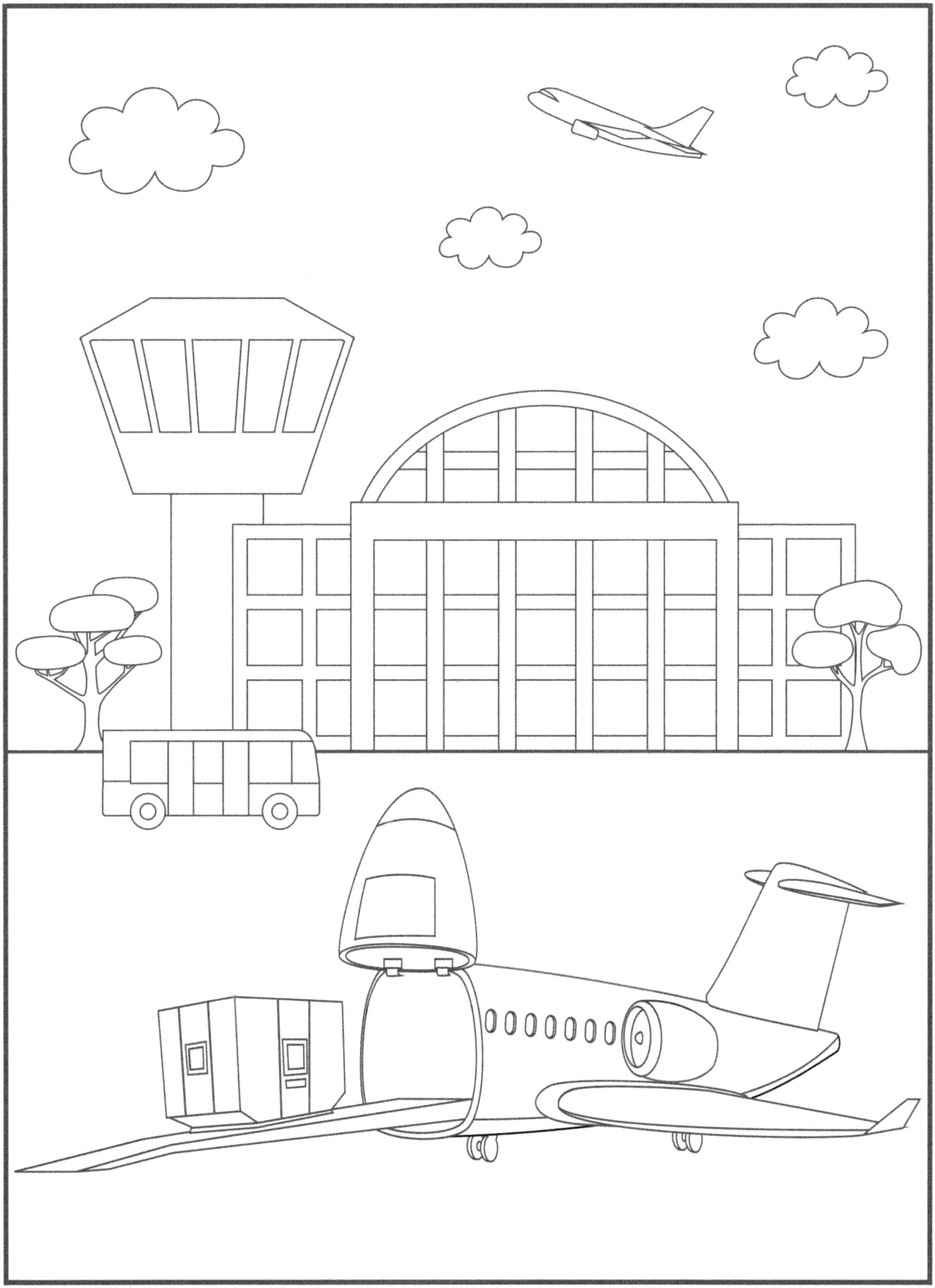

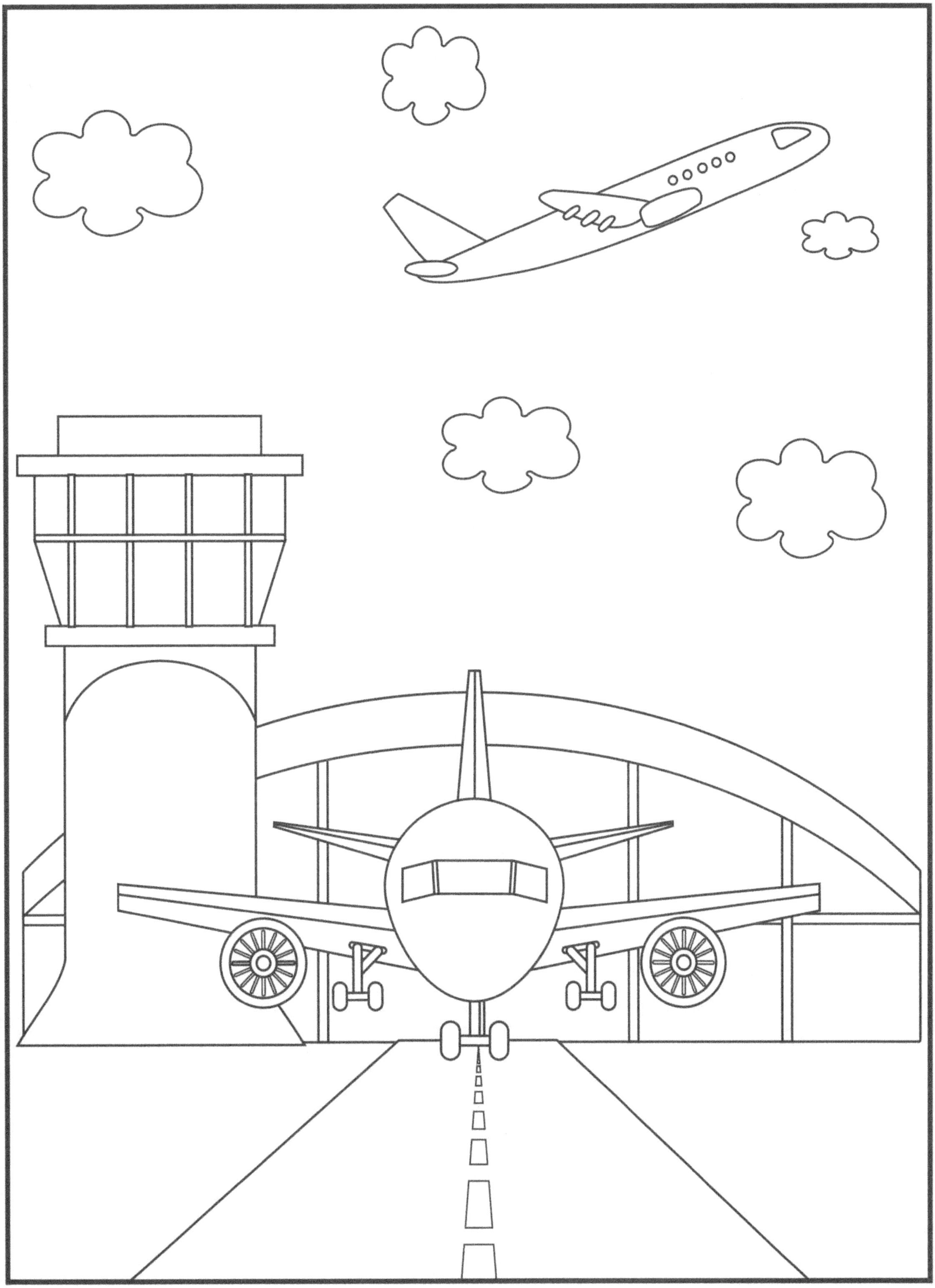

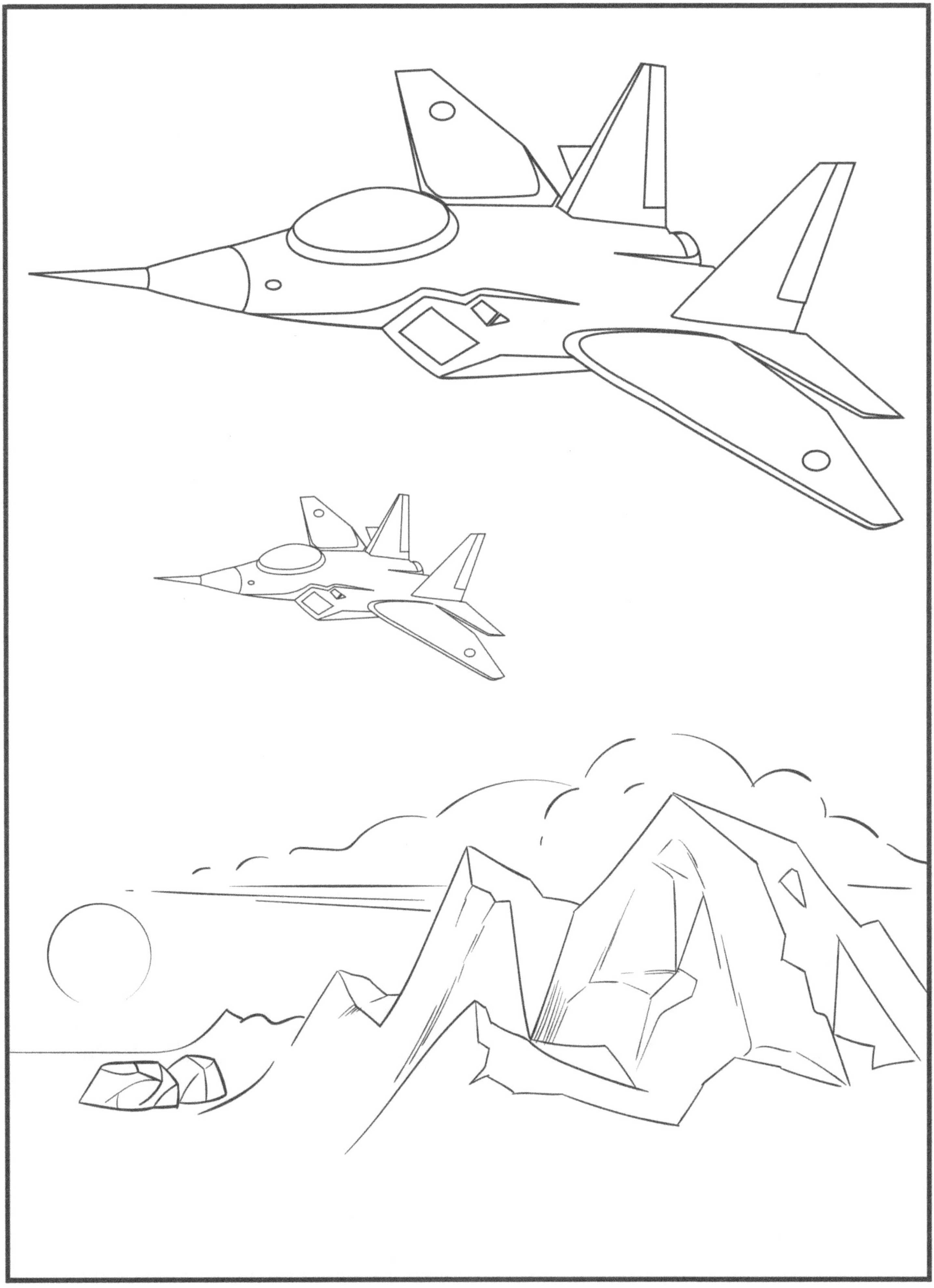

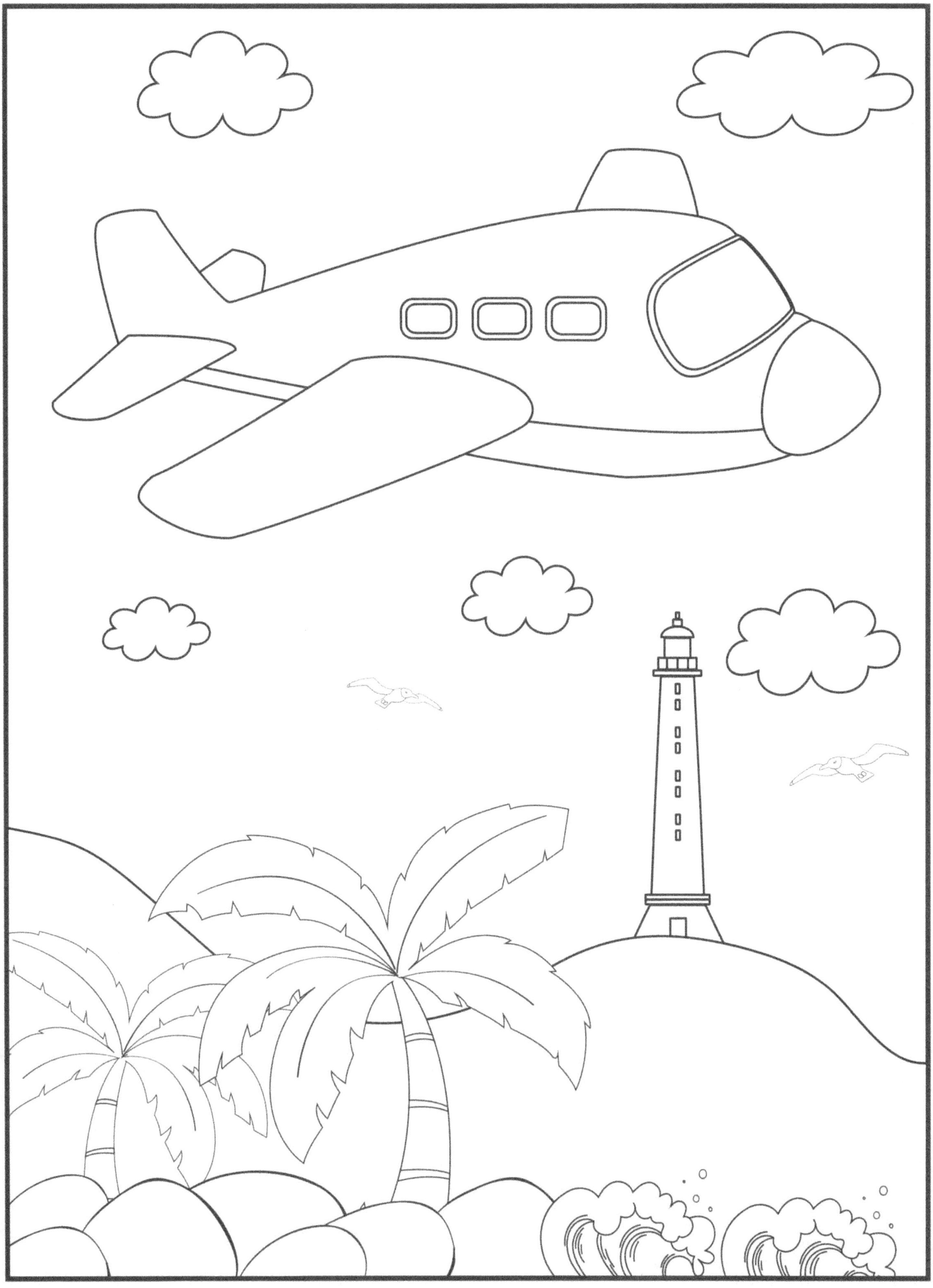

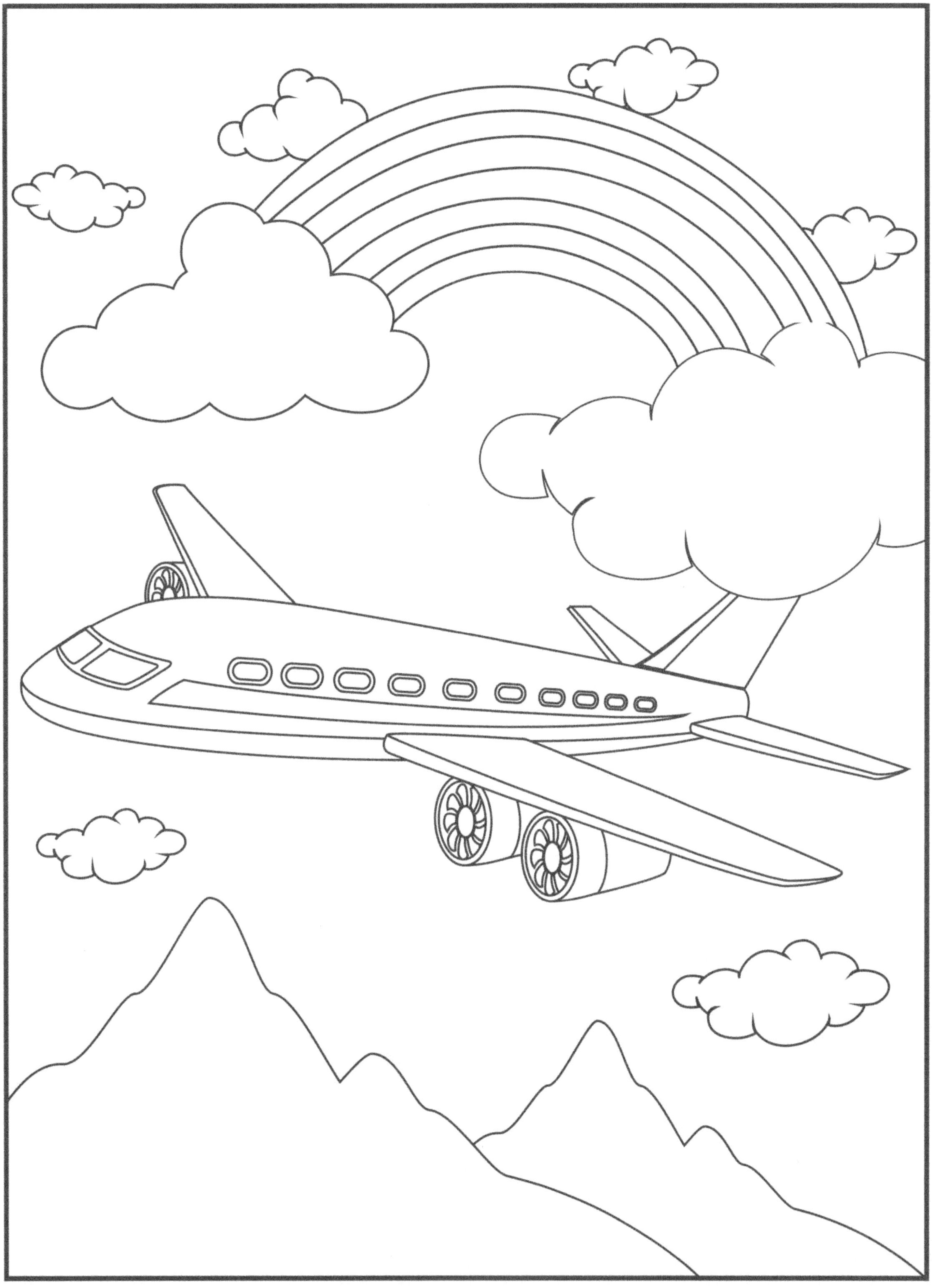

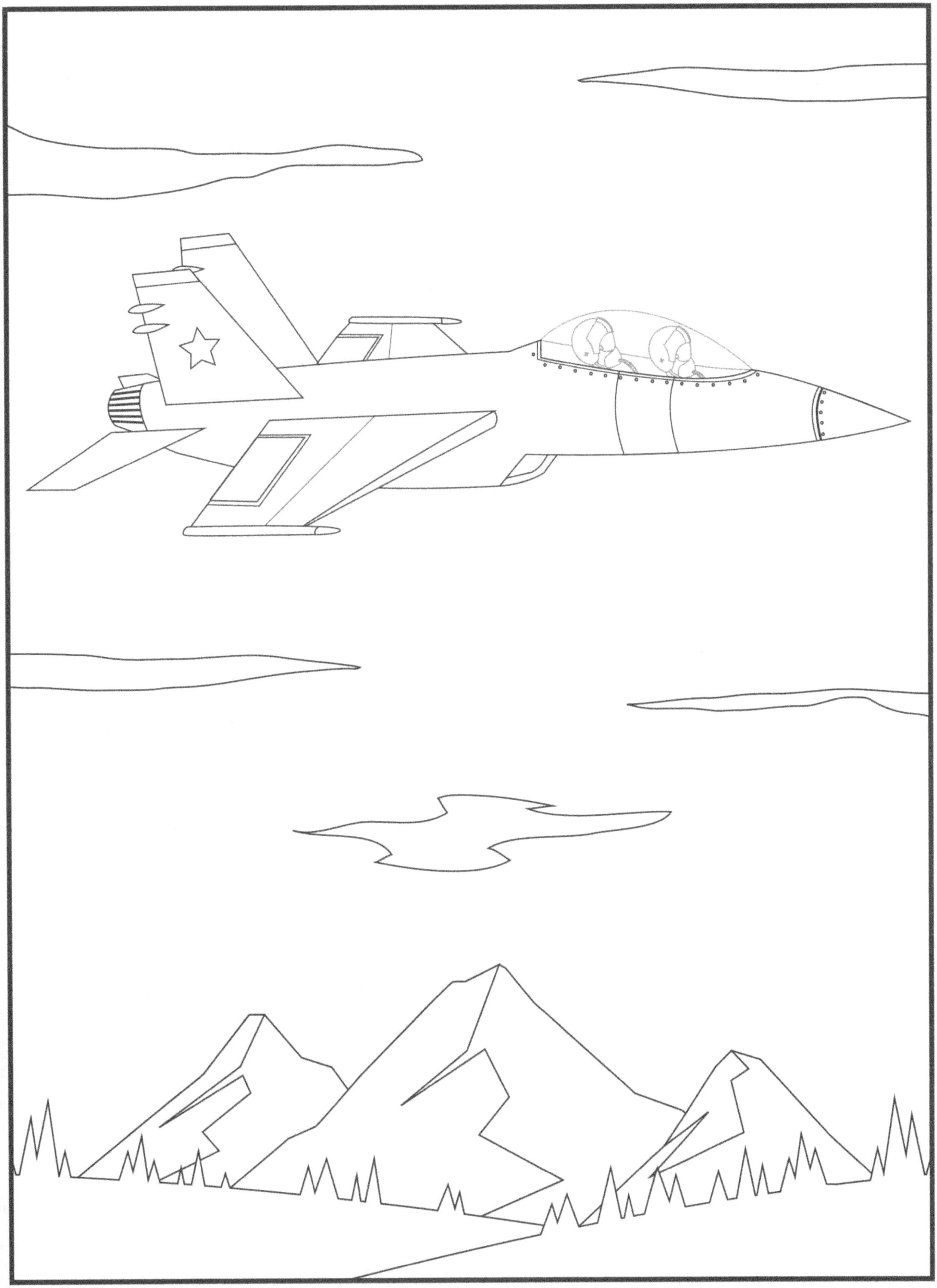

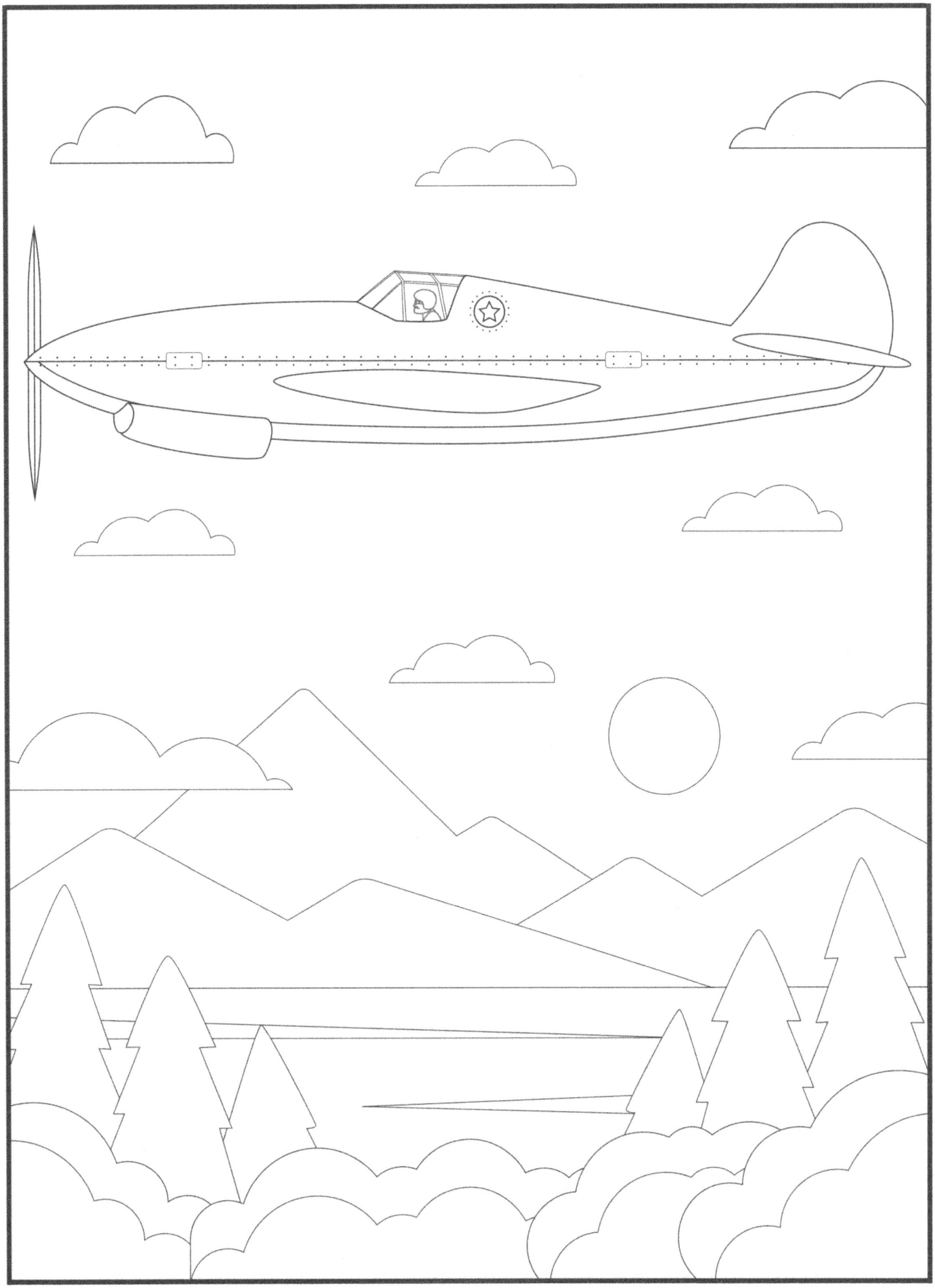

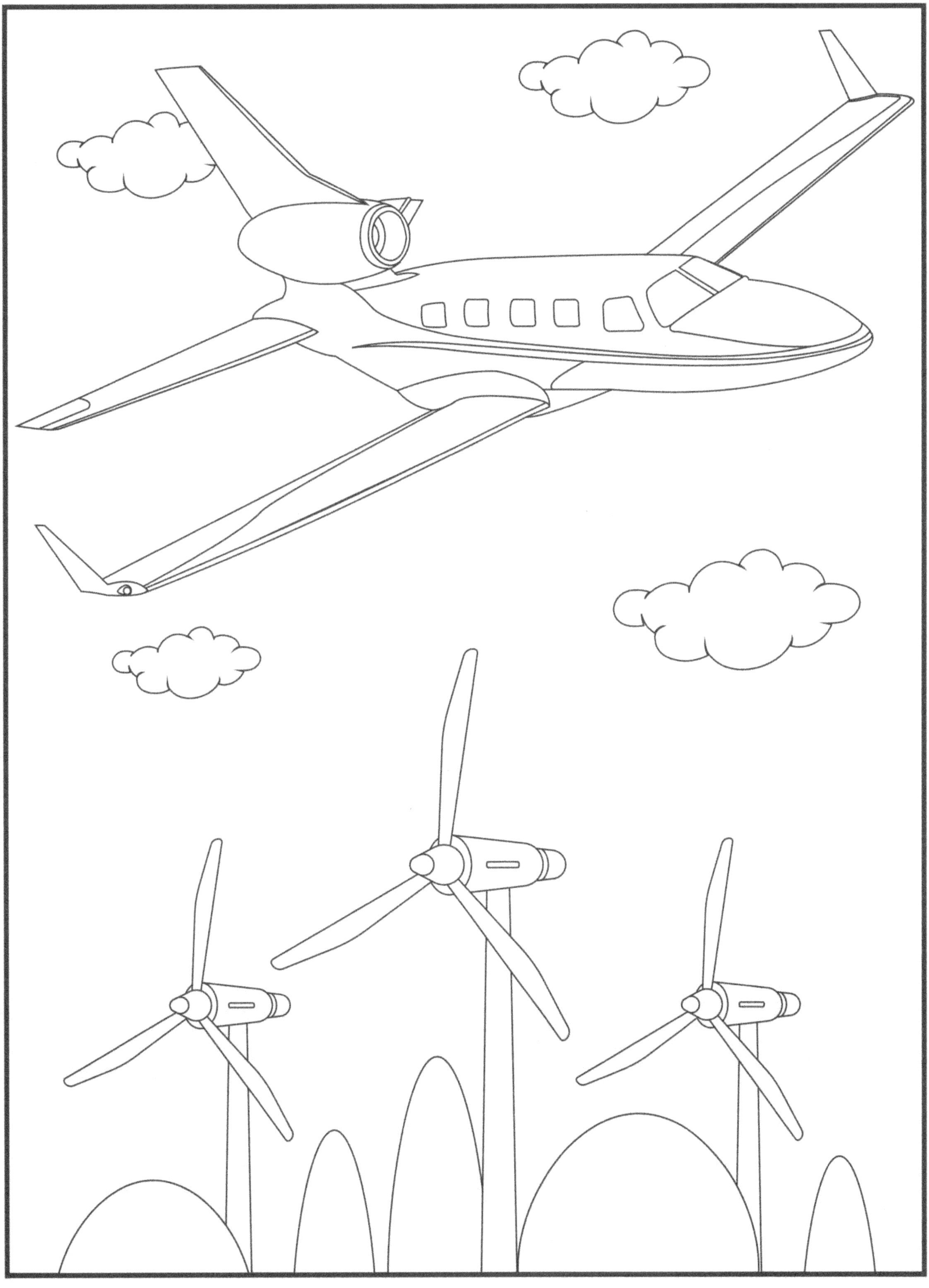

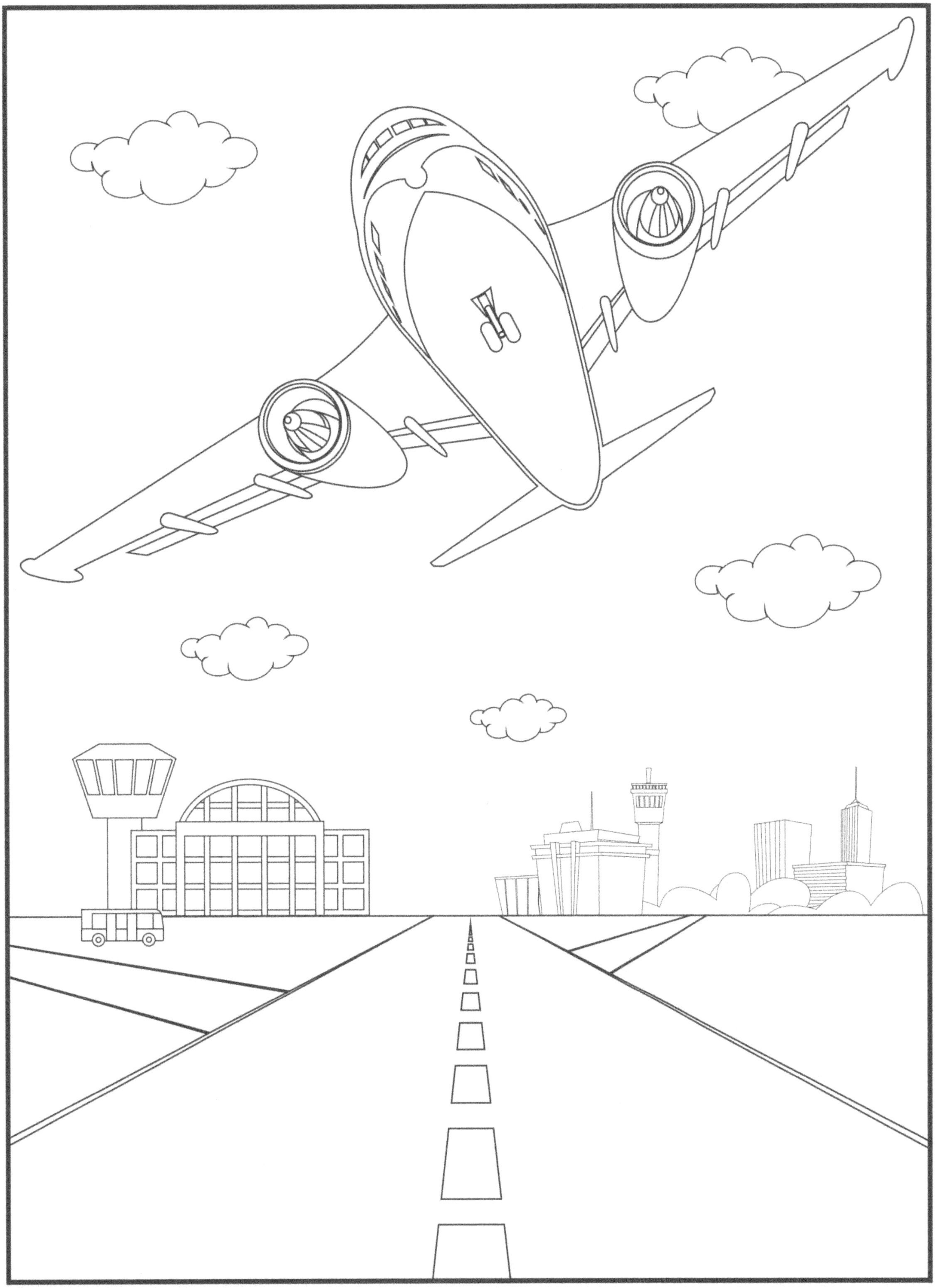

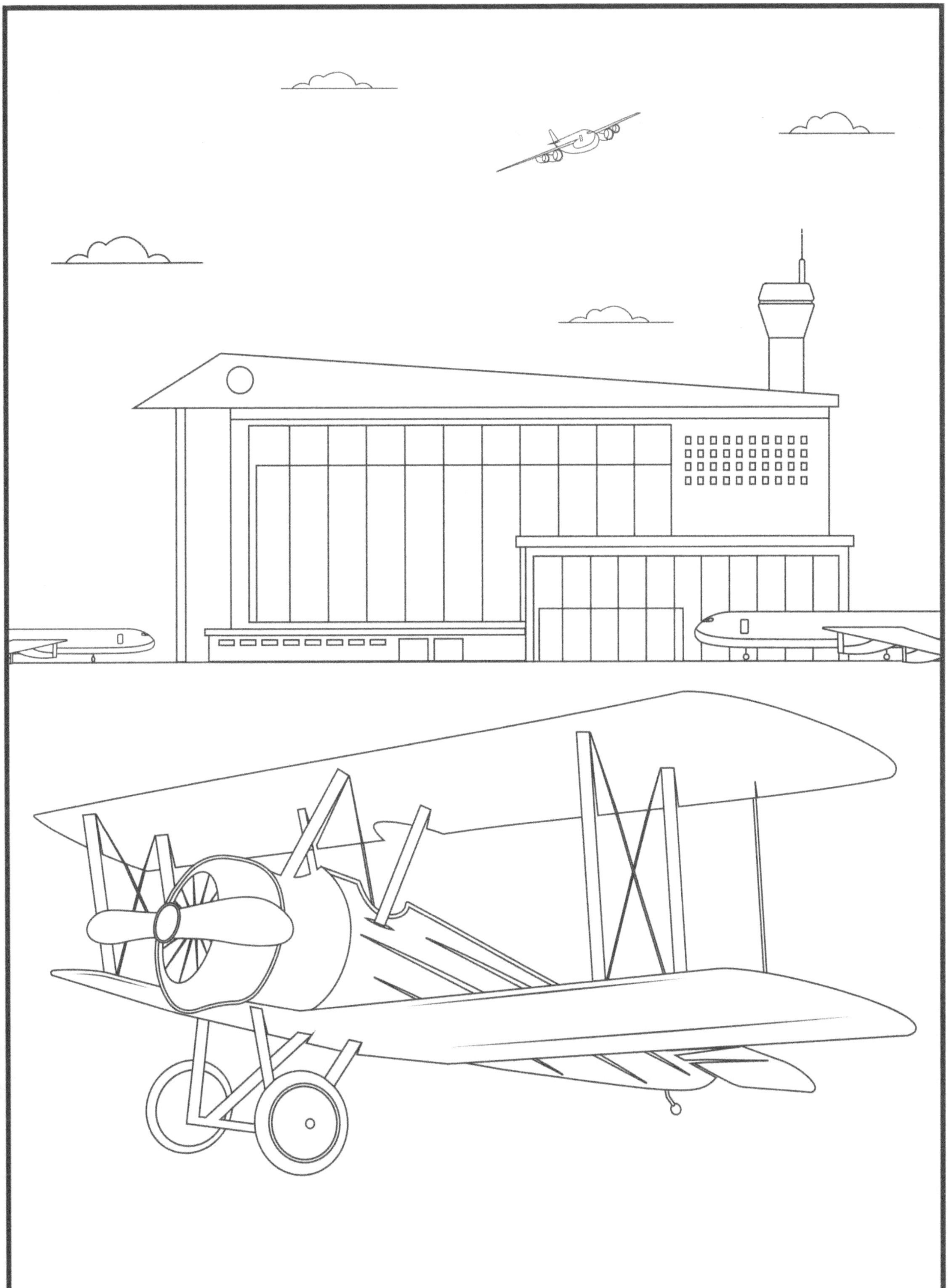

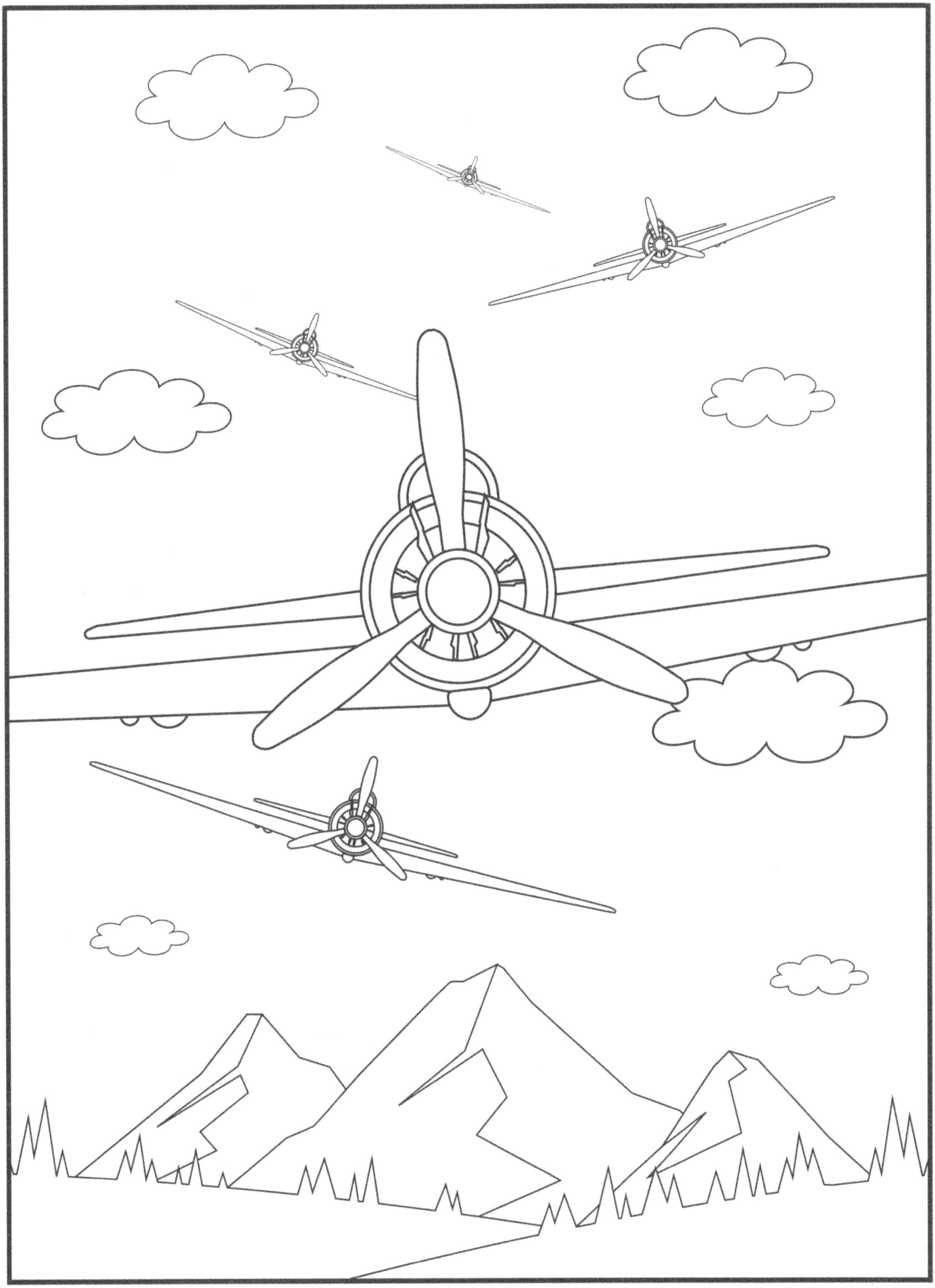

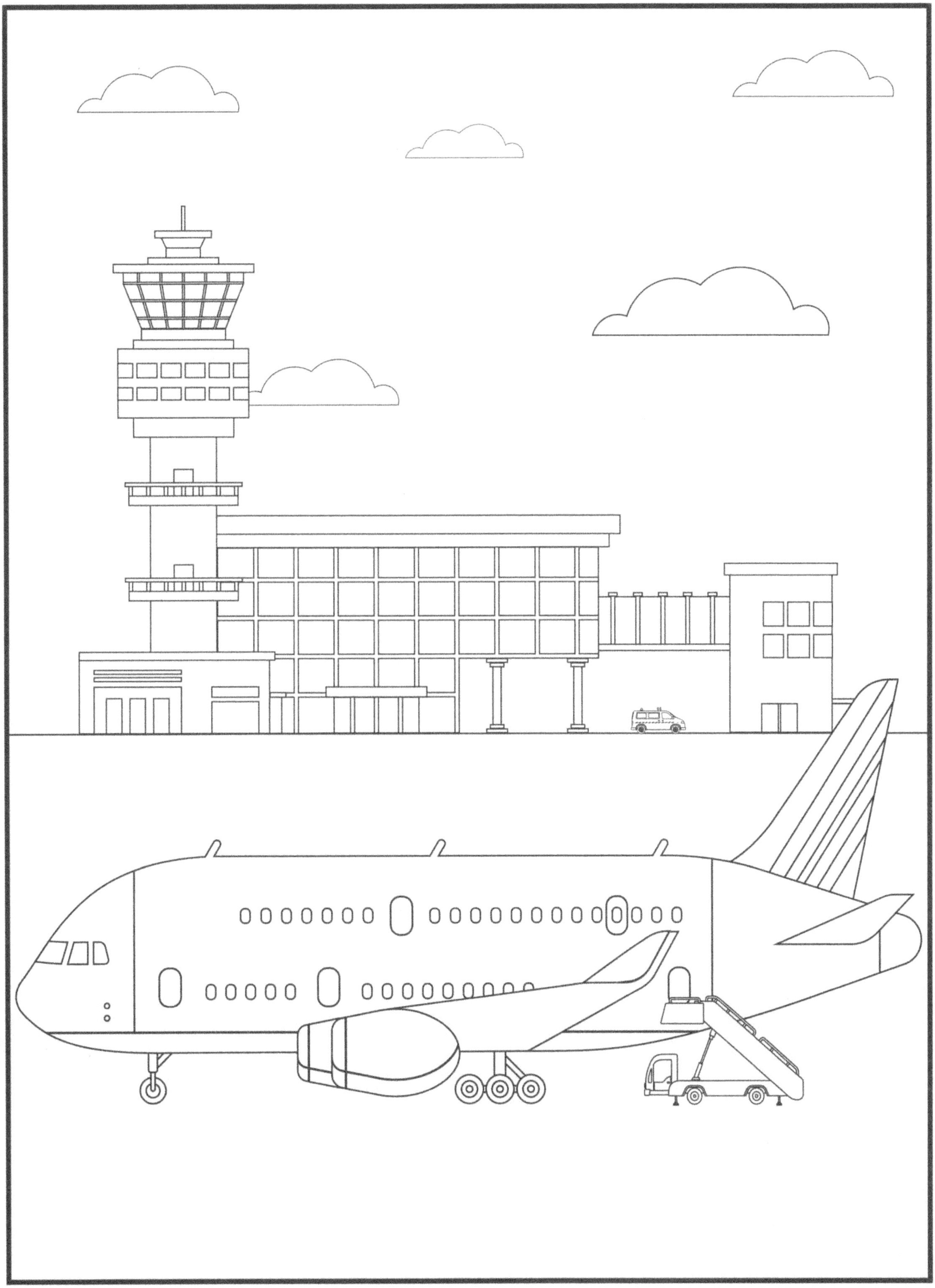

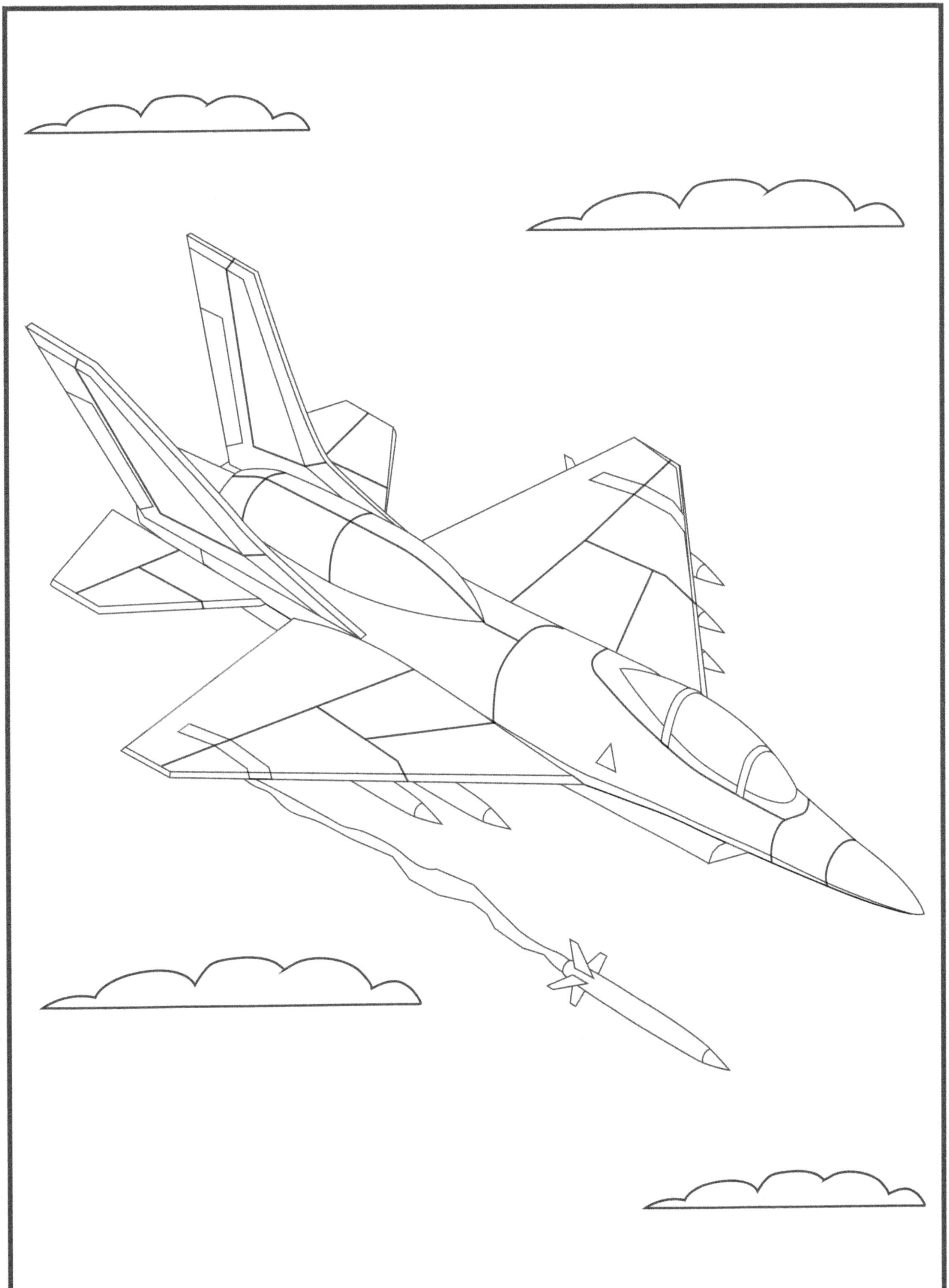

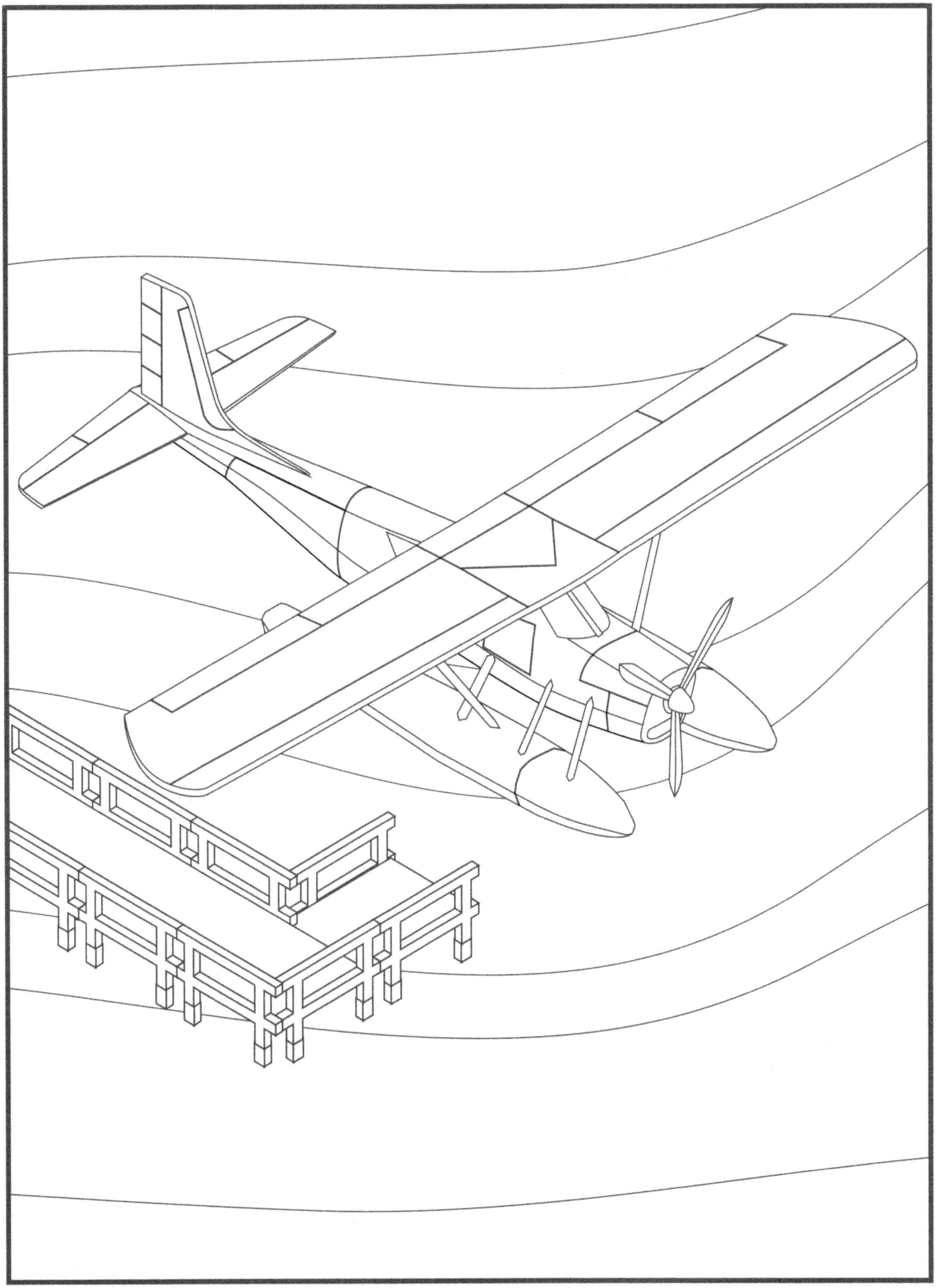

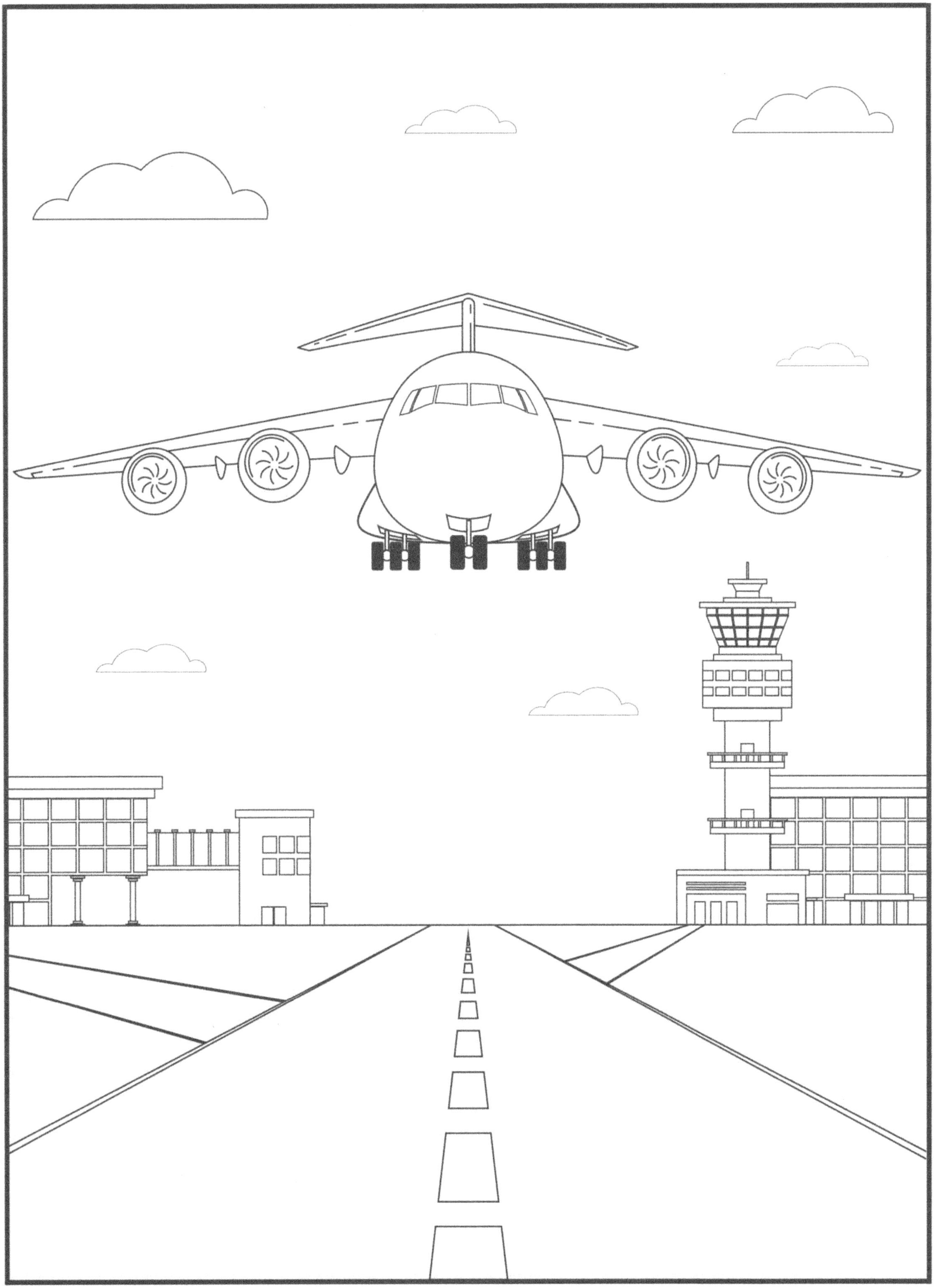

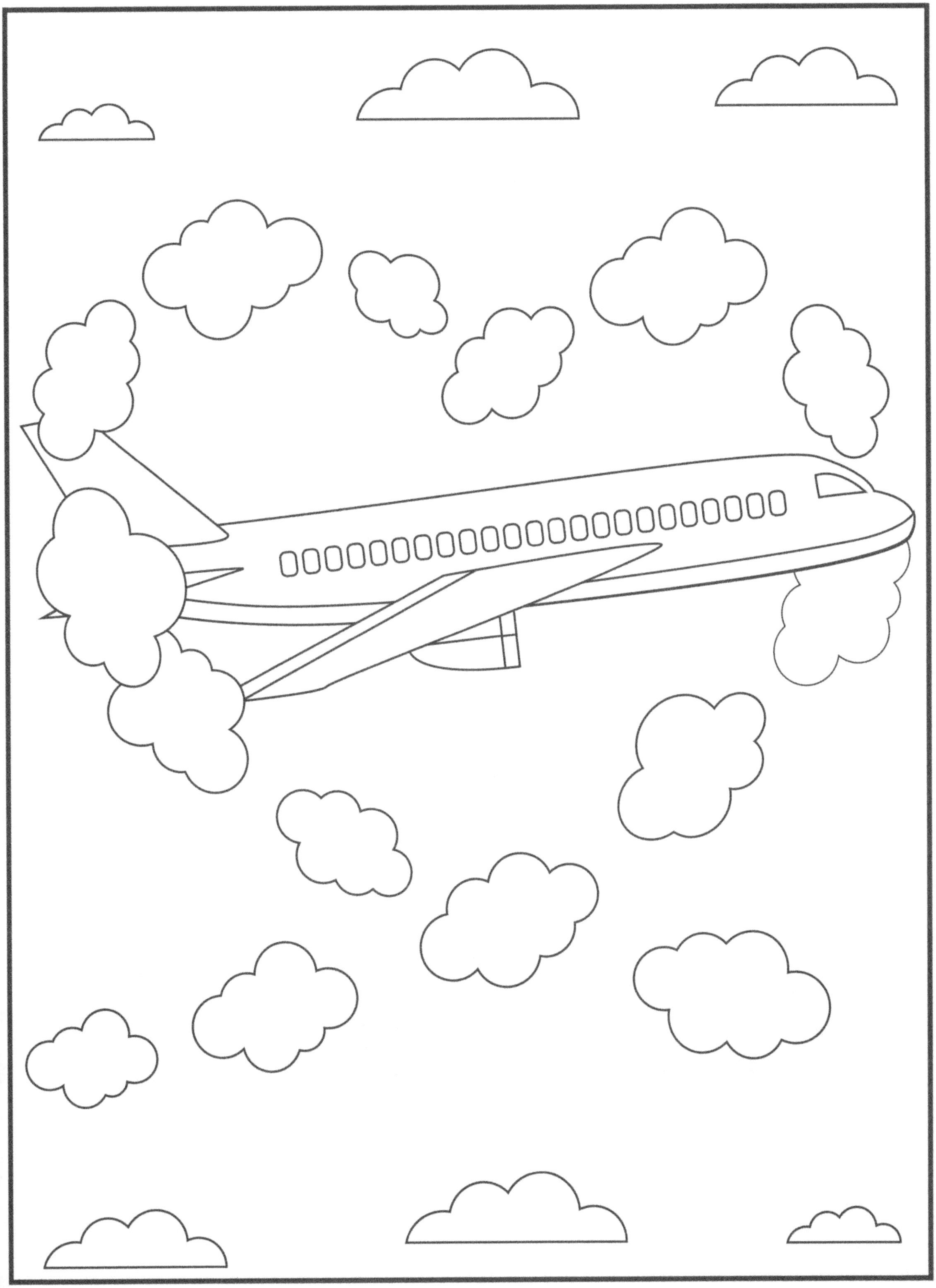

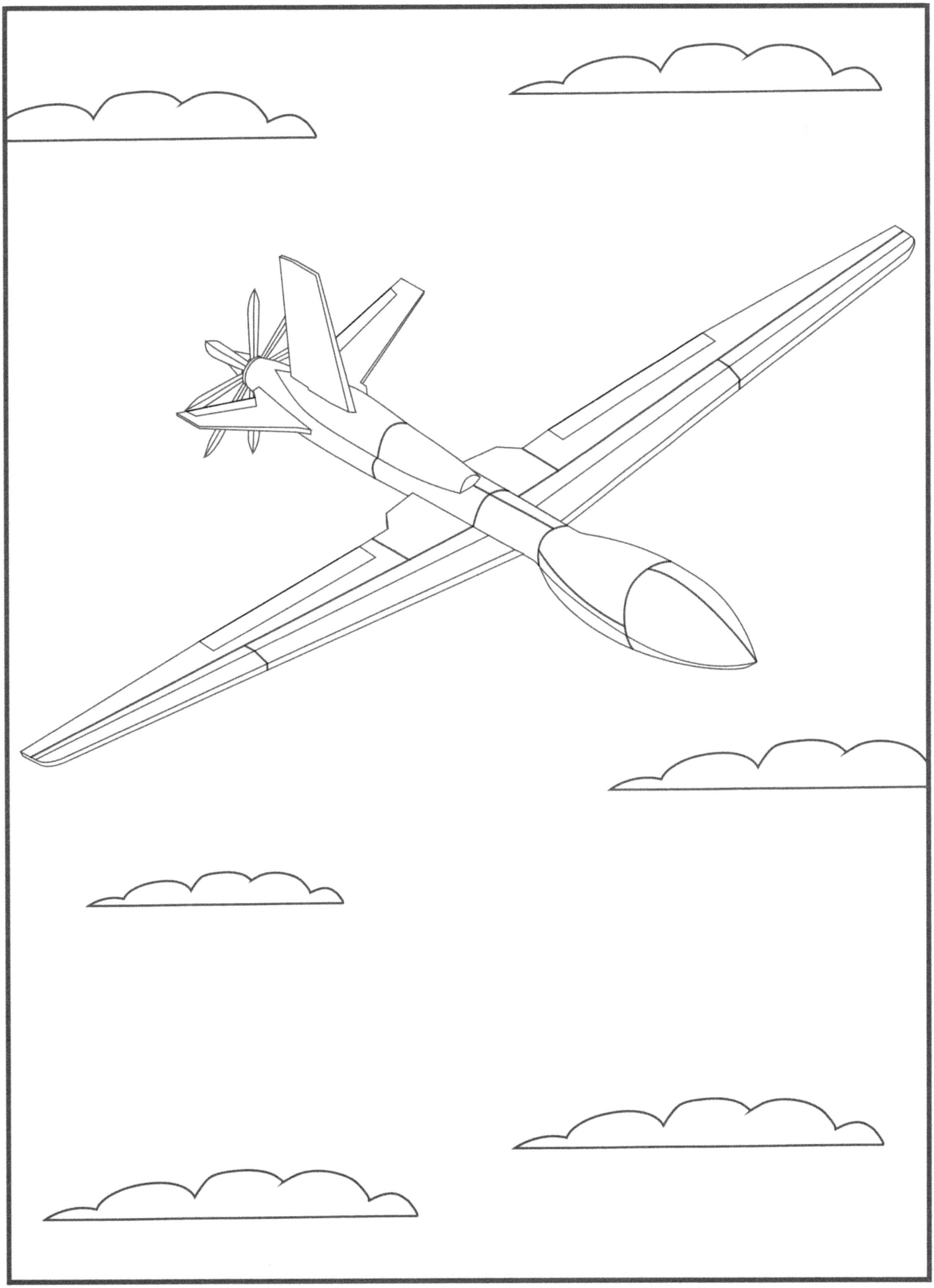

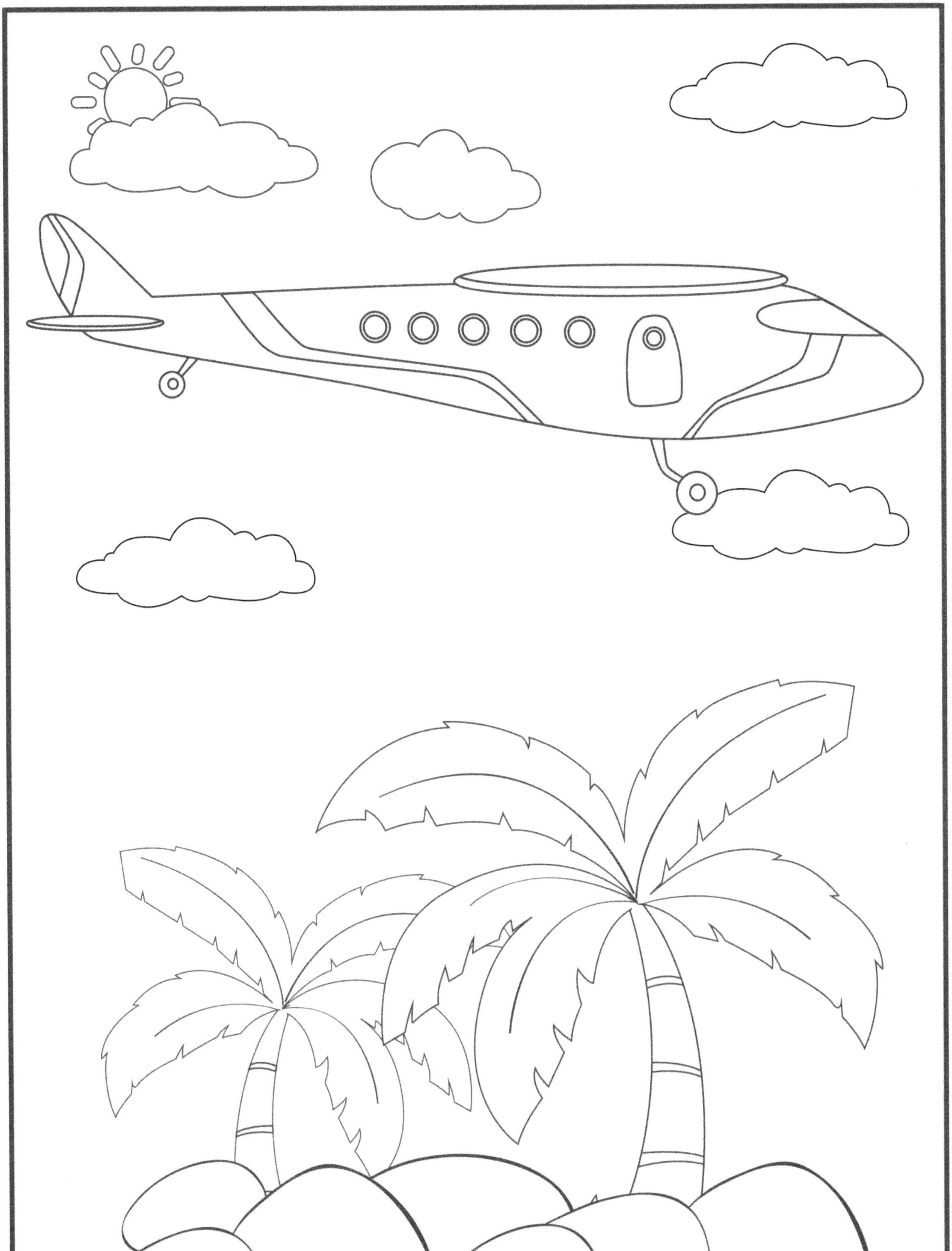

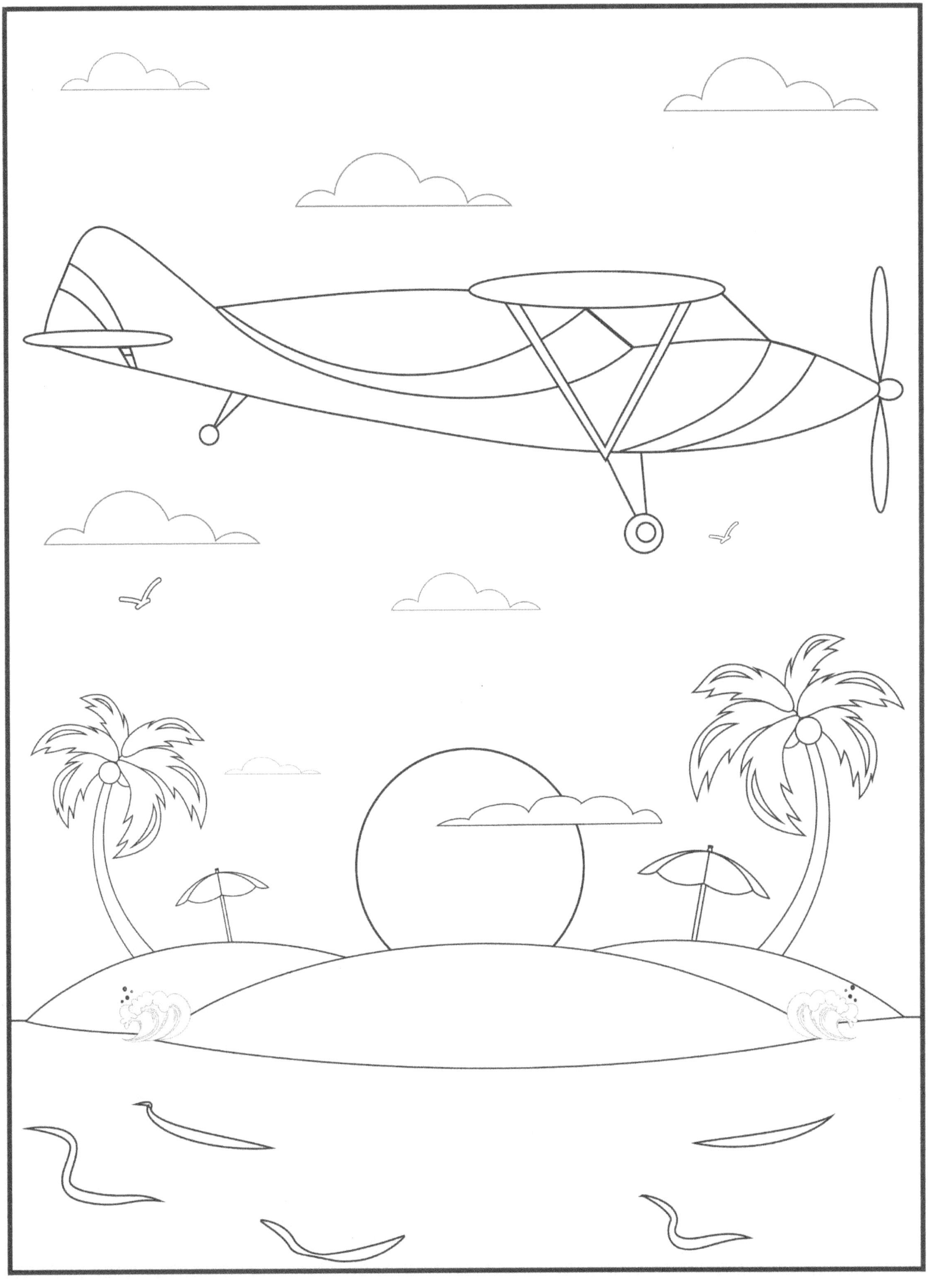

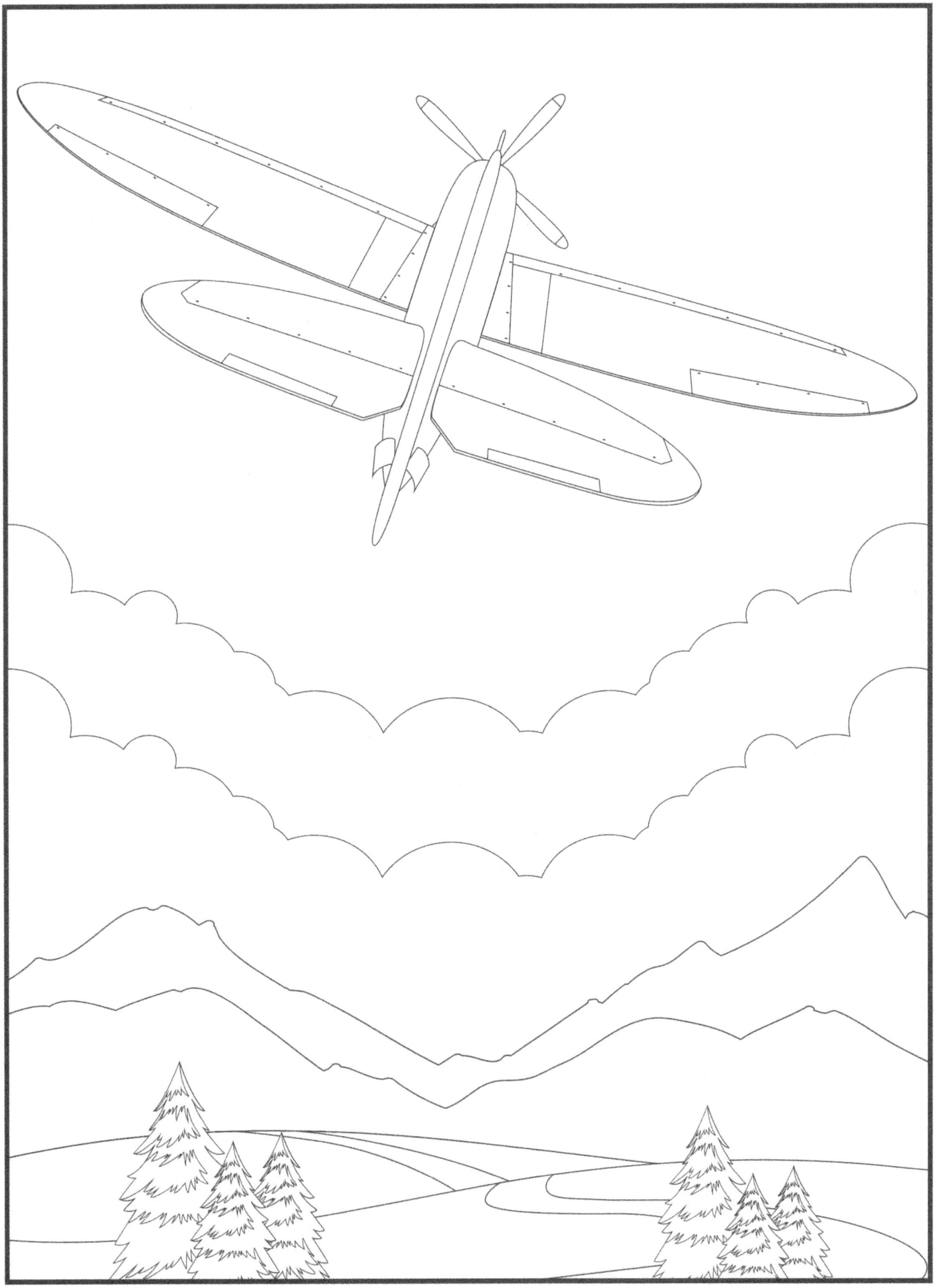

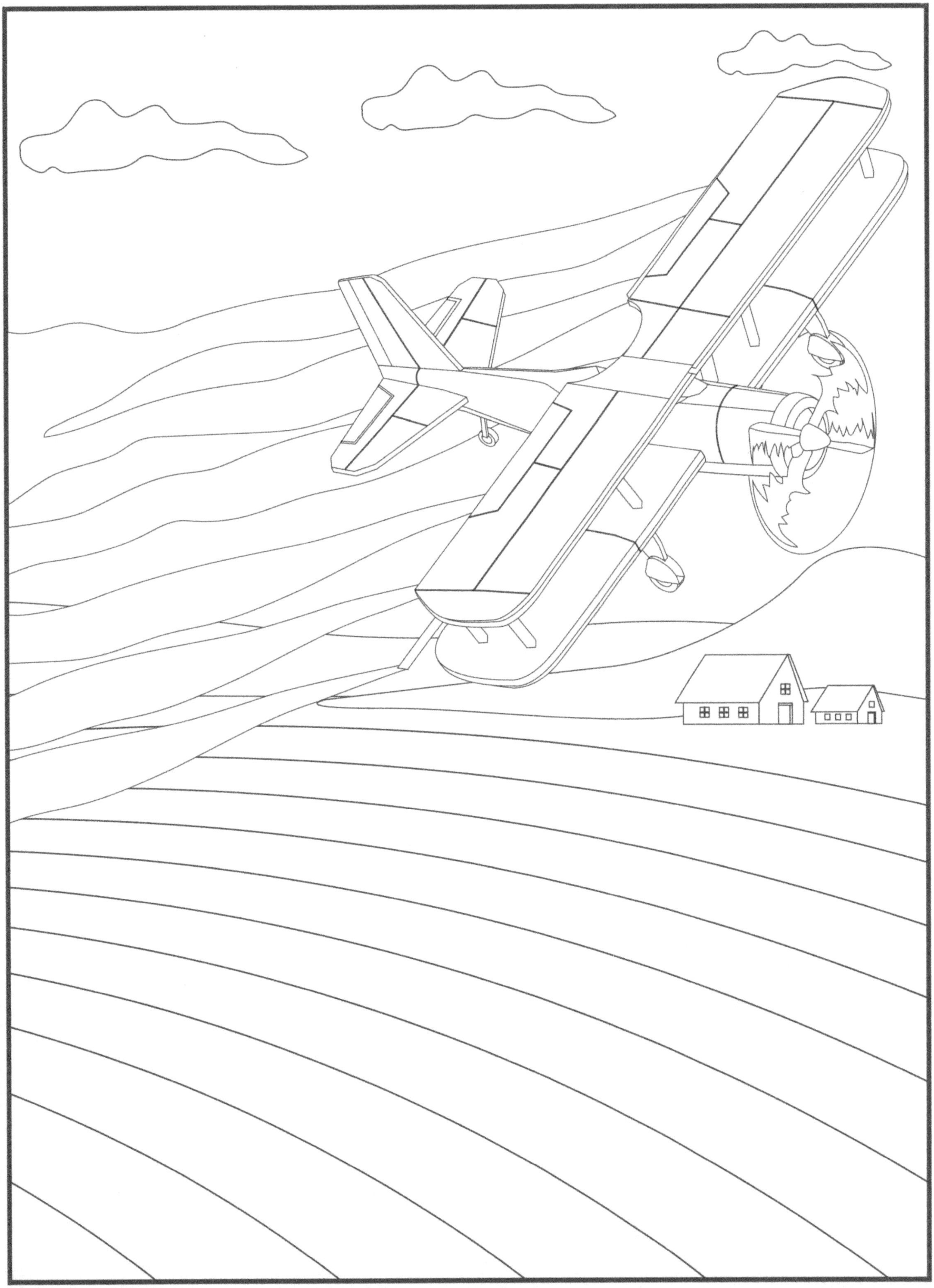

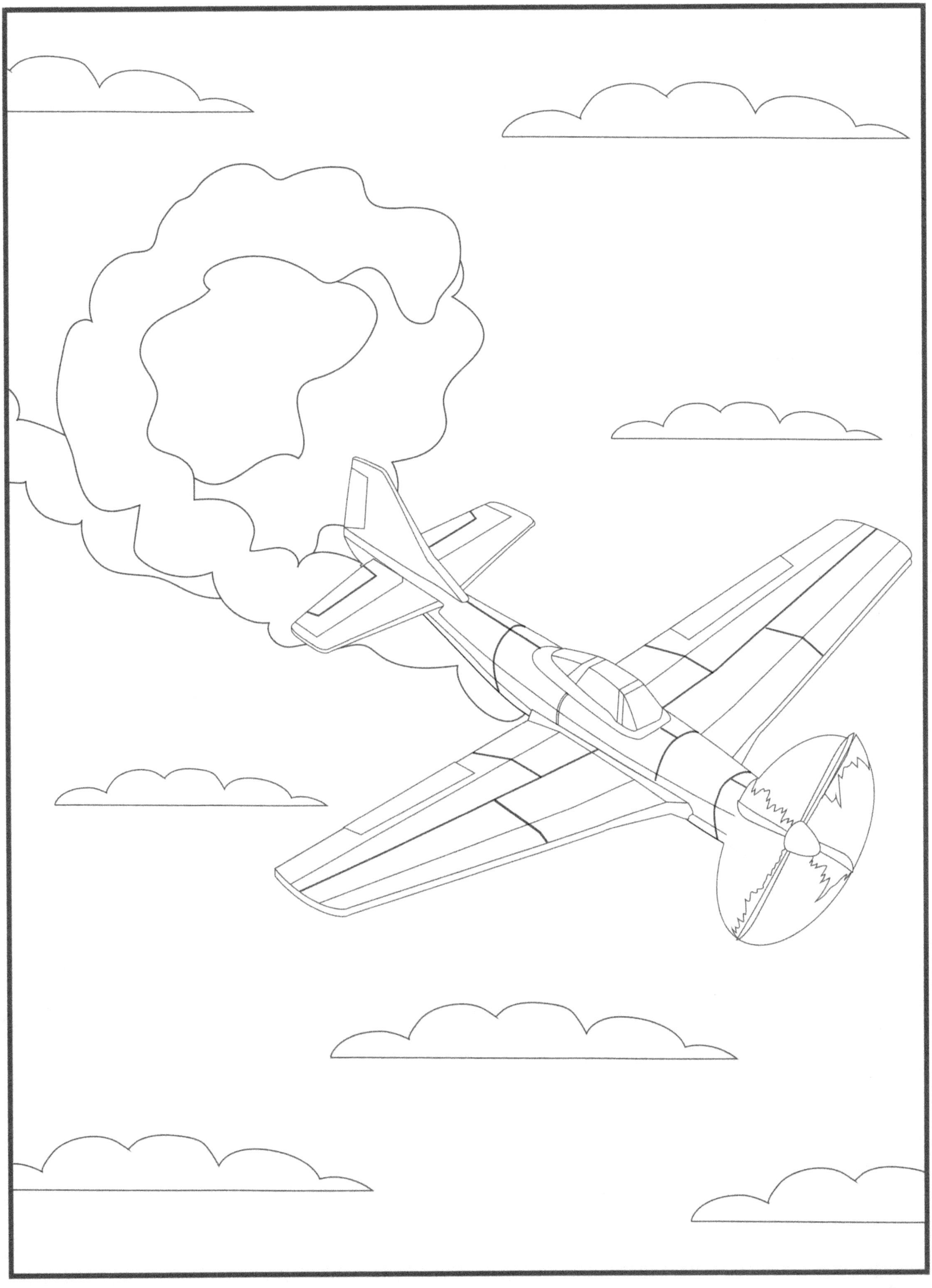

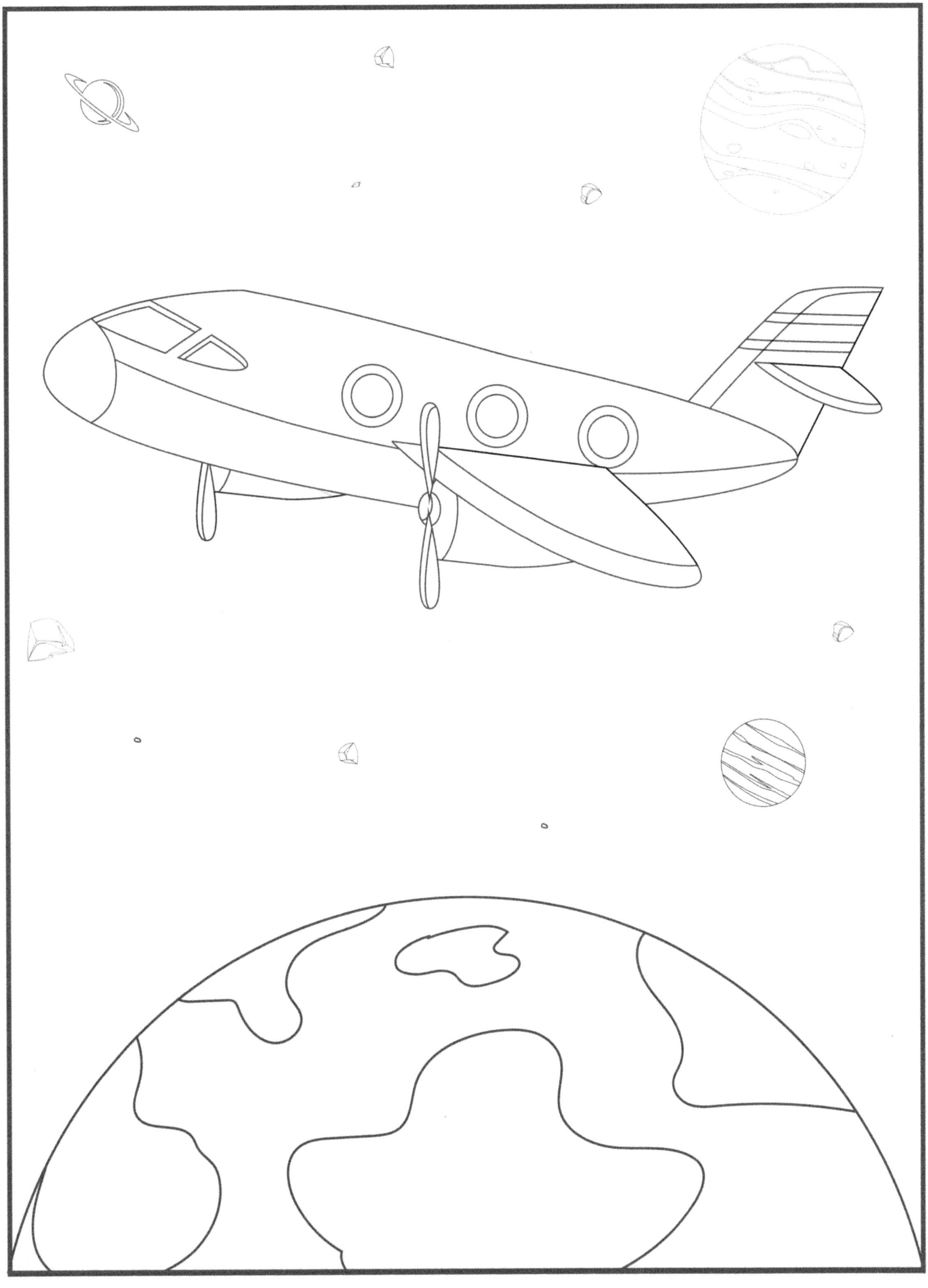

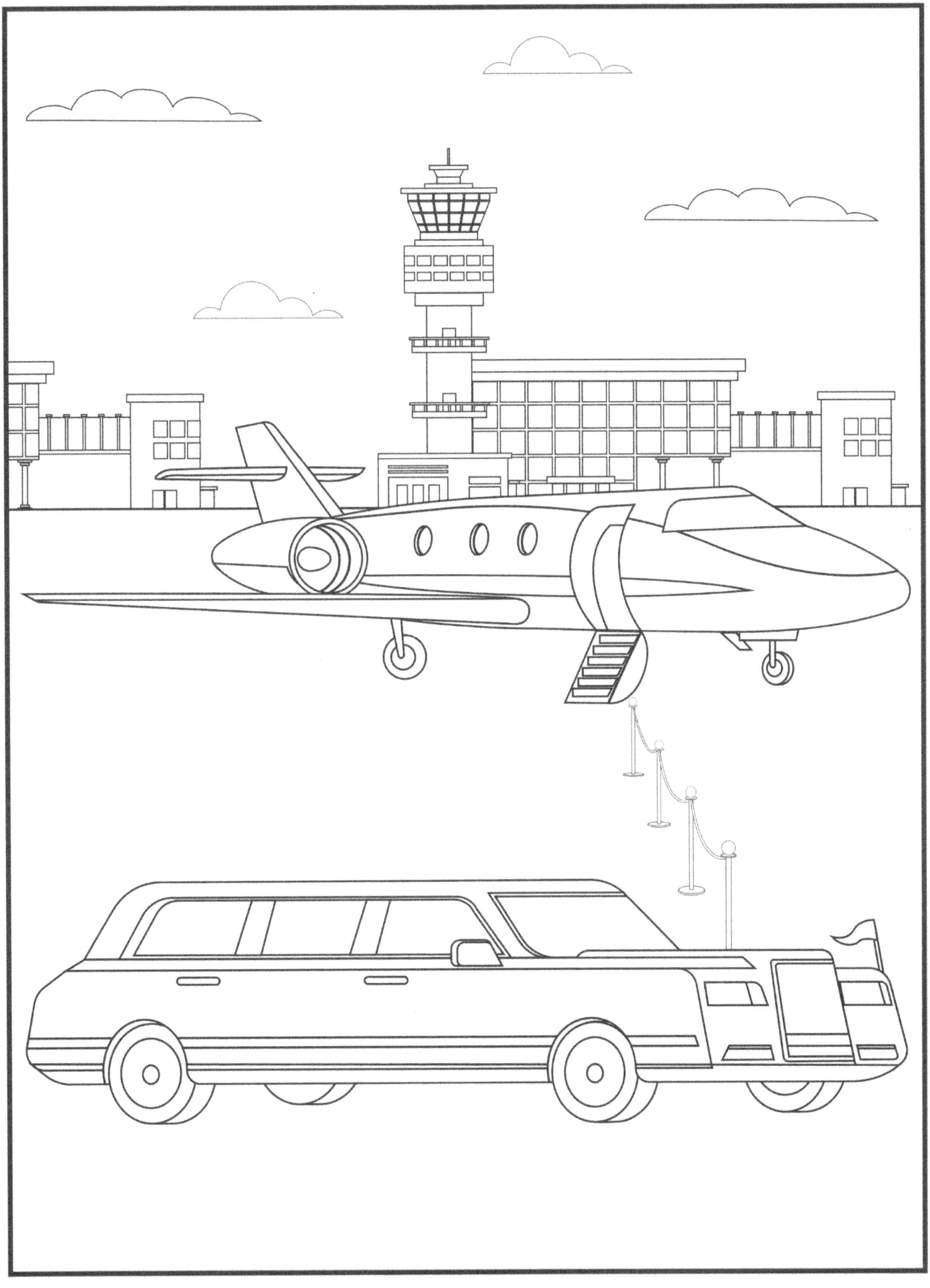

www.ingramcontent.com/pod-product-compliance
Lightning Source LLC
LaVergne TN
LVHW081544060526
838200LV00048B/2204
9781915100184